在宅で稼ぐ！

SNS時代のMLM最新テクニック

ネットMLM大百科

村井祥亮
株式会社ADS代表取締役社長
5万人規模のチームを統括するMLMトップリーダー

F
フローラル出版

はじめに

私は、今年でＭＬＭの業界に関わって20年目になります。「権利収入」を夢見て業界に参入しましたが、組織をつくっては壊れつくっては壊れと、たくさんの出会いと別れを繰り返してきました。

そんな苦労のおかげもあり、現在では組織数は５万人を越え、理想のライフスタイルを手に入れることができています。

自分の好きな時に好きな場所に行き、好きなことを好きなだけできる人生に変わりました。

苦労もたくさんあり、心が折れそうな時期もありましたが、それらをすべて乗り越えて、今では本当の権利収入を得ることができました。

そんな話をすると、

「成功するには20年もかかるのか？」

「村井さんは、才能があったから成功できたのではないか？」

と、聞かれることがあります。

ですが、それは絶対に間違いです。最近の私のグループでは、わずか１年足らずで１万人近くの組織をつくった事例が出てきていますし、数千人単位であれば、30人以上のメンバーが達成しています。

しかも20代前半のメンバーもいるので、決して才能があったからというわけではありません。では、なぜそんな短期間で、それだけの組織ができたのか？

それは、インターネットを活用して組織がつくれるようになったからです。SNSが普及したことで、人脈には一切困らなくなったということも言えると思います。


会って、しゃべらないと契約が取れない時代から、会わずに、しゃべらないでも契約を取ることができる便利な時代になったのです。


過去の私の経験から考えると、本当に信じられない時代に変化して、MLMのイメージが大きく変わりました。

だいたいの人が、MLMは友達に声をかけるのがいやだとか、交通費やお茶代などの活動経費がかかるから厳しいといって活動を断念します。

それが、SNSを使ってやりたい人にだけ声をかけて、家から出なくてもスマホ一台あればどこでも活動ができるようになったのです。経費もまったくかけずに、簡単に契約が取れるようになったのです。

だからこそ過去のＭＬＭのマイナスイメージにとらわれずに、一人でも多くの方にネットを活用したＭＬＭ、「ネットＭＬＭ」と私は呼んでいますが、この価値と可能性に気づいて、ぜひみなさんに一度挑戦していただきたいと思い、本書を執筆しました。

参考にしていただき、一人でも多くの方の成功のきっかけになればうれしく思います。

Contents

SNS時代のMLM最新テクニック

PART 2 ネットワークビジネスの成功に欠かせないこと

PART

3

「成功マインド」に必要なこと——41

PART 4

絶対に間違ってはいけない会社選び

PART

5

ネットワークビジネスで成功する最新テクニック──151

●カバーデザイン　中村勝紀
●本文デザイン　梅津由紀子
●ＤＴＰ　株式会社三協美術

PART

1

私がネットワークビジネスを始めるまで

20年間の経験から学んだこと

ネットワークビジネスとの出会い

本書では、今後みなさんがネットワークビジネスを進めていく上での心（マインド）の持ち方や、実践するためのさまざまなテクニック、ノウハウをお伝えしていきます。

私がなぜ、これほどネットワークビジネスに熱意を傾《かたむ》けるようになったのか。

最初に、私自身がどのようにマインドセットをし、ノウハウを身に付けていったのか。

そしてそれに至る、順風満帆《じゅんぷうまんぱん》とはとても言えない人生、その後の成功へのきっかけについてもお伝えしようと思います。

私は、19歳の時にこの業界に入って、すでに20年以上がたちます。

これからお話しするように、私の経《へ》てきた道は多くの紆余曲折《うよきょくせつ》はありましたが、結果として成功への道であったといえます。20年たった今、それが証明されたと思っています。

私が10代の時、父は建設会社を経営していました。中学生くらいの頃には、自分もどうせ会社のあとを継《つ》ぐんだ、という気持ちで過ごしていました。そんな「どうせ」という気持ちですから、勉強にも学校生活にも身が入りません。案の定、高校は1か月で辞めてしまいました。せっかく親に高いお金を出してもらい、私立に行ったのにです。

まだ15歳の時です。それからは、親の会社で建築関係の仕事をしていました。ところが、2年後に親の会社がつぶれてしまい、私は行き場を失ってしまいました。それでも、私は建築業界のことしか知りません。そのため、この業界で働くしかない！　と、変なマインドが働いて、親の知り合いだった違う建築会社に入りました。

そして、しばらく現場仕事を続けていた、18歳の時でした。建築会社の親方が、「車買いたいんだったら俺の名前でローンを組んであげよう」と言ってくれて、新車のミニバン（ホンダのオデッセイ）を購入しました。当時で４００万円くらいだったと思います。ローンは月約５万円。それに保険代、駐車場代、ガソリン代。毎月生活費を含めて月20万円くらい、車を購入したためにかかるようになってしまいました。18歳で毎月の20万円の出費は結構重たい。もう、金が欲しくて仕方がなかったのを覚えています。

また、私は親の姿をみながら育ったせいで、10代の頃から社長にならなくてはいけない、と思い込んでいました。私の行動の原点はすべてそこにありました。背負った借金にしても、心配するより、社長になってたくさん稼いだら済むじゃないか、という考えでいました。

19際の時、その頃たまたま友人から聞いたのが、ネットワークビジネスの話でした。その話を聞いた時、「これで人生を変えるんだ！」と感じました。

なぜネットワークビジネスに対して私自身が「これだ」と感じたのか。それは皆さんも同じような魅力を感じると思うのですが、やはり、「権利収入」の可能性だと思います。この権利収入が得られるという部分が、他のビジネスでは考えられないものでした。

もちろん普通の会社経営でも、定額で収入が入ってくるような仕事はいっぱいあります。しかし、お客様がお客様を呼んでいくというビジネスモデルで、しかも個人レベルで経費もそれほどかけずにできるようなビジネスは、他に存在していませんでした。

気軽に取り組めるビジネスでありながら、権利収入という大きな収入を得られるという可能性に惹《ひ》かれたわけです。

そして、私が最初に入ったのは大手外資系のN社です。今思えば、最初にやったネットワークビジネスでしたが、あの当時のＭＬＭの中では一番良かったと思います。

19歳の時に、たまたま友人から話を聞いて、即決で足を踏み入れたのがネットワークビジネスの世界でした。

最初は、友だちや小中学校の同級生、知り合いという知り合いすべての人に声をかけました。そのことで地元では、「変なビジネスを勧めてくるやつ」という噂が一瞬で広まりました。一躍、悪い意味で有名人となってしまった私は、地元の友人たちにも嫌われていたと思います。

自分の親にも話を持っていったことがあり、父親からも、10年もの間、「怪しいビジネスはやめろ」と言われ続けることにもなりました。

ただ、そこでめげてしまったら、悪評だけが付いたまま終わってしまいます。友人たちに嫌われながらも、半年間で200人の組織を作ることができました。当時は、それで上から2番目のタイトルを取りました。

そんな、まさに乗りに乗っている時期に、信頼しているアップの方から、「もっといい収益プランの会社があるから移動しよう」と誘われます。

ネットワークビジネスについて、それほど詳しくないころですから、それを正しい選択と思い、私はアップの方と即座に移動してしまいました。

なのに移動した瞬間、どういうわけか、そのアップの人はやる気をなくしてしまいます。

そして、わずか2か月で業界を去ってしまったのです。

そうなると、一人で頑張らなくてはならない状況に陥ったわけですが、さすがに20歳の自分には荷が重く、私もまた、一から出直すはめになったのです。

借金1、000万円を背負う

当時は、「ヤフーBB」が街中で盛んに売られていた時期でした。MLMだけでは生活できなかった頃でしたので、まずはこのアルバイトを始めました。時給1300円くらいもらえるアルバイトで、当時の私にとっては本当にありがたいものでした。

仕事をしていると、もっとアルバイトの人数を確保したい人材派遣会社の人から、「友達はいないか?」と聞かれました。いるも何も、ネットワークビジネスをやっていたわけですから、周りは友達、グループだらけです。当時の同じ立場にあるグループ全員とも相性が良かったので、どんどん声をかけて人を集めて、アルバイトに入れるわけです。

そのうち、それだけ人を紹介できるのなら、請負《うけおい》でやらないかという話になりました。そこで人材派遣のまねごとを始めました。1、300円の仕事を1、100円、1、200円で紹介し、差額分を受け取る。すると、今度は違う業者から、時給の請負ではなく、「一件契約を成立させていくらという方法でやってみないか?」という話が入ってきました。

実は、そこから、どんどん話がおかしくなっていきます。

自分で100人くらい抱えてしまい、1件の契約を取ると3、000円、5、000円というように、私の仕事は、いつの間にかインターネットの回線取次の仕事にかわっていきました。しかし、途中でその仕事を出していた業者が、またまた突然いなくなってしまいます。計画倒産です。問題はいろいろあったのですが、一つはその人たちにお金がなくなったということでした。

契約は結ぶものの解約だらけ。ほとんど解約です。彼らにしたら、そんな解約率の高い契約しか取れない人間に金をわたせるか、という思いもあったのかもしれませんし、私も21歳と若かったので、適当にあしらわれたところもあったと思います。

私としては人を抱えたうえ、みな知り合いですから、たとえ上位店がお金をくれないからといっても、成約の結果に対しては支払いができないとは言えません。その結果、私は21歳にして1、000万円くらいの借金を背負うことになります。またマイナスからの再スタートです。

当時、私は並行して、イベンターのようなことをしていました。イベントをやっていれば、人との出会いがどんどん生まれます。

男女の出会いの場となるようなパーティーを開いて、私はパーティーの主催者の立場で参加者に自分をつなげてもらうこともありました。

楽しかったうえに人脈はどんどん増えるし、情報もたくさん入ってくる。

こうしたイベントがあったので、ネットワークはいくらでも再生することができました。


ですが、私は会社選びを間違えて、いくつかのネットワークを転々としました。

その当時、私が参加した会社は全部つぶれていきました。そのころは、「外資系の大手の企業なんてダメだ！」「タイミングがもう遅い！」「それより、国内でこれから新しく立ち上がるベンチャー会社で勝負しなければダメだ！」ということが盛んに言われていました。一見正しく聞こえるのですが、そういったところは、資本力もなく、パワーやエネルギー、能力がないと立ち上がらないので継続も難しいのです。結果、全部つぶれていきます。

ところが、私はそれらの言葉を信じてしまいました。25歳くらいの時には、いろいろな「国内ベンチャー会社」の立ち上げで、幹部といったポジションを務めていました。

今考えれば、それが間違いでした。そこで学んだのは、つぶれる会社の考え方ややり方です。事実、どの会社もつぶれました。ベンチャーではなく、もっと大手でもまれていれば良かった、と思います。

私はいいように使われていたわけです。いらない苦労をしました。

話が少々それました。私のビジネス遍歴に話を戻したいと思います。

その後29歳ぐらいまでで、私のネットワークビジネスの経験は10社に達していました。

実は、国内ベンチャーに携《たずさ》わったあと、5年間ほどネットワークビジネスの第一線から離れる時期があります。当時の組織のメンターとの大きなトラブルがきっかけでした。その組織は社会的にも大きな話題となった事件を起こします。もちろん、私はネットワークの一員ではありましたが、会社の役員ではなく、その事件に関わってはいません。

結果として、そのメンターは罪を問われましたが、私の身の上には何も起きませんでした。しかし、罪に問われたメンターからあとになってどんなことを強要されるかわかりません。業界から離れる期間を設ける必要があると判断し、いったん第一線から身を引き、ただの愛用者としての関わりにしたのです。

離れていた時期、店舗経営の道に進み、飲食店、不動産、アパレルショップ、学習塾、ネイルサロン、リラクゼーションサロンなどのお店を累計で32店舗経営しました。先ほど申し上げたとおり、並行してイベント、パーティーの企画、運営をやっていましたので、集客という点でも自分の店を持つことには非常に強みがありました。

オートダウンシステム＝ADSを始めたきっかけ

その後は、情報商材の販売もしました。当時は「プロダクトローンチ」（インターネットを活用し、商品の販売前から見込み客を集め、商品の販売時に爆発的な売上を上げる手法）という手法で情報を販売するのが流行っていたので挑戦してみましたが、うまくいきませんでした。

そこで、情報業界ですでに大きな実績を上げているメンターにコンサルタントをお願いして再チャレンジするのですが、これもうまくいきません。メンターを変えてみても、やっぱりうまくいきませんでした。

同じ20代前半の私の周りの知り合いたちは、一か月で何十億円という売上を上げて大成功していくにもかかわらずです。

私自身のなかで、成功したいという想いは日に日に増していきます。今度は、これまでのメンターの教えを活かしつつ、コンサルを入れずに、自分の得意の分野を商品にして挑戦することを思いつきました。

自分が一番得意の分野。それを考え抜いた結果がMLMでした。そして、MLMの情報商材をつくろうというのが最初の発想でした。

しかし、情報商材ではなく、権利収入というすばらしい業態を持つ、MLM自体を売ればいいんじゃないか？　という結論に達したのです。

そのシステムこそが、オートダウンシステム＝ADSなのです。

2000年代に入って、ネットの世界は大変革期にありました。2004年のFacebookの登場以降、Twitter、YouTube、Instagram、LINEが次々に登場しました。しかし、昔からあるネットワークビジネスは、こうしたインターネットの世界とは無縁のところで営まれていました。

具体的には、「インターネットでネットワークビジネスをやりませんか？」「このシステムであなたの組織を自動で増やしましょう！」「誰にも会わずに完全自宅で組織ができたらどうですか？」

という謳《うた》い文句で、インターネットを活用し、ネットワークビジネスの組織をつくること自体を商品にしたのです。

これは、驚くほどの好結果でした。1か月で100人。2か月で200人。3か月で500人。半年で1、000人。1年目で2、000人です。そして2年目では6、000人。人がどんどん増えていきました。

もちろんＡＤＳを宣伝する一方で、私自身もこのサービスを活用して、さまざまなネットワークビジネスを行っていました。

そこで何を売るのか。これを考えた時、まず最初に思ったのは、「美と健康は絶対選ばない」ということでした。すでに多くの人が美と健康をネットワークビジネスでやっていました。過去の経験から、同じものを提案するとケンカになります。

そこで選んだのが、Ｗ社という旅行会社でした。旅行とインターネットの相性がとても良いと感じたのと、私自身が商品のことをしゃべるにしても、プレゼンの内容が一番腑に落ち、きれいに感じたという部分が大きかったと思います。

この選択は大成功でした。１か月で１００人の契約。問い合わせはその5倍、10倍もありました。１か月後にはこれで勝負すると決めました。それが自分にスイッチが入った瞬間です。34歳の時です。

開始以来、契約者は右肩上がりでずっと増加しています。これまで一度も成長が鈍《にぶ》った時はありません。2年2か月目には、最高タイトルを取得して海外イベントで表彰もされました。本当に絶好調ですが、悩みがあるとすれば、あまりに急成長したため、リーダー育成や環境が整っていない部分でしょうか。その部分も現在は体制が整ってきています。

現状のネットワークビジネスでは、30万円、50万円、100万円という商品を売りつけて、それ一回きりになってしまうようなビジネスがまだ残っています。そういう人たちは長く続けるノウハウを持っていないため、売り逃げしかできないのです。

では、長く関係を続けていくためにはどうすればいいのか。

ネットワークビジネスの立ち上げには2つの難しさがあります。メンバーと長く付き合いたいとなれば、商品の値段を安くする必要があります。しかし、1万円だと採算が合わない場合がほとんどです。とくに旧来のやり方で、ある場所を借りて人を動かす方法では、とてもその値段では採算が取れません。それに、1日1万円の売り上げを前提にしていたら、思い切った先行投資も難しいでしょう。

そして2つ目は、組織を育てるための時間です。ネットワークビジネスでは、組織が育つのにとても時間がかかります。ですから、ネットワークが育つまで耐えられる体制、体力がないと成功まで待つことが難しく、多くの会社はここで挫折《ざせつ》することになります。

私は幸いなことに、ネットワークビジネスを始めた時、セミナーやイベントなどによって収入がありました。そのため、組織の成長を待つことができました。そして、インターネットを活用することで、1万円であっても割の合うビジネスを成立させることもできました。だから、一生涯付き合っていけるような関係をメンバーの方とつくることができたのです。

ネットワークビジネスの根本は、人を残すこと

ネットワークビジネスで成功するための大きなポイントは、根本的に人を残そうとしているかどうかだと思います。ネットワークビジネスは、権利収入が得られるビジネスです。権利収入というのは誰かがお金を払うことで成り立っています。もちろん、支払っているのはメンバーの方々です。

ということは、一生涯、気持ちよくお金を払ってくれる人を何人つくるかにビジネスの成功はかかっています。そこで必要なのは、一生涯お金を払いたくなる理由づくりです。

一番いいのはファンになってもらうことです。たとえば、他のお店の方が多少安いけど、私はこっちで買いたいという人をつくることです。単純に商品の価値だけでYesを取るのは大変です。

先ほどお話ししたように、私の場合は旅行関係の会社を選びました。旅行の価格だけで考えたら、時には大手のJTBやHIS、よくわからない旅行代理店がネットで安く販売している商品の方がいいということもあるかもしれません。商品価格だけでやっていたら、すぐあっちがいい、こっちがいいということになってしまいます。商品だけではYesを取り続けるのは難しいのです。もっと違う部分でもYesを取っていかなくてはならないのです。

たとえば、このビジネスで出会った仲間達と一緒に旅行ができるなども一つです。

ネットワークビジネスが最高のコミュニティである必要性

コミュニティの価値をつくっていくことで、「今ここにいることで助けてくれる仲間がいる」という感覚も必要です。

大手外資系ＭＬＭのセミナーに行くとわかるのですが、会場は平均年齢70代ぐらいのおじいちゃん、おばあちゃんばかりです。ただ、みなさんそこにいるのを本当に楽しんでいます。むしろ月1、2万でこのようなコミュニティに参加できるのは最高！　といった感じです。そのうえ健康にもいい。本当に最高の場所です。私が目指しているのは、そんなコミュニティとしても価値の高いネットワークビジネスです。

ネットワークは参加者が一緒に成長していかなくてはならないビジネスですから、決して悪いことをしてはいけない世界なのです。だますようなことをしてしまったら終わりです。

私は30年後も大手を振って街を歩きたい。しかしながら、一部のネットワークビジネスの人は街を歩けないような売り方をしてしまい、逃げるように海外に住んでいたりします。

余談ですが、私は海外にさんざん行き尽くして、住むのなら日本が一番良いと思っています。日本以外に住もうとは思わないです。ですから、日本に住んでいて後ろ指をさされたくないし、そのためには、みんなが痛みを感じない価格で、商品を販売していきたいと思っています。

もちろん、仕事ですからお金はいただきます。でも痛みを感じない価格で、たくさんの人に販売していくようなスタンスで仕事を進めていきたい。そうするためには、人間性とか人間力の部分が問われます。

これは長期的に見て、成功したいと考えているので言えることだと思います。そう思っていない人は今、目先のお金で困っているから無茶をします。それは人との関係を長期的に見ていないからできることです。そんなネットワークビジネスのメンバーに入り、あなたの大切な時間を使うことは本当にもったいない話だと思います。

会社選びの間違い

ネットワークビジネスを始めるにあたって、まず一般的に、多くの人が会社選びを間違っていると感じています。

あなたがネットワークビジネスをやろうと考えた時、初めに考えないといけないのは会社選びです。これを間違えてしまうと、その後の活動はすべて無駄になってしまう可能性もあります。またすぐなくなってしまうような会社では、それこそ苦労、努力はすべて無となってしまいます。

私が20年間以上見てきた体験で言うと、新しく立ち上がった国内のネットワークビジネスを行う会社は、高確率でつぶれています。まずそこを選んだ時点で、アウトになる可能性が高いでしょう。即稼いで辞める！　と割り切っているならいいのですが、それでは、5年後に別れる予定の彼氏（彼女）と付き合うようなものです。

結局、会社選びの判断基準、パートナー選びの判断基準がわからない。パートナーとして目利《めき》きができないから迷うわけです。

一般的には、会社、商品、収益プラン、給料体制、このいずれもがとても重要です。それに、人、ビジネスパートナー、あとはタイミングも大切でしょう。立ち上げ直後より、2年くらい経ったあとの会社が良いと思います。

ネットワークビジネスは、立ち上げてから3年目くらいが一番いい状況になってることが多いのです。

残念なことに、3年後にはつぶれる会社が99％もあるのですが、日本の場合、一般の会社でも同じことが言えると思います。毎年、恐ろしいくらい新設法人が立ち上がって、そのほとんどが2年目を迎えません。

ネットワークビジネスでは、それがもっと過酷だというだけです。とくに国内ベンチャーのダメなところは、そもそも創業者がお金を持っていないことです。

だから、とにかくお金を集めようとする。そして、お金が集まって、さあこれから頑張ってやろうというのならまだしも、以前の創業者たちの多くは集まったお金を山分けして、会社がつぶれたことにしてしまおう、という人たちばかりでした。当時は、ネットワークに関する法律もゆるく、計画倒産がいくらでもできたのです。

そして、また別の場所に移動してビジネスを始めるわけです。国内の会社は、そんな話ばかりでした。

そうした経験から、私は外資系を選びました。外資系は、自国できちんと生き残った結果、日本に来ているので、まずつぶれることはありません。その意味では、日本に来たばかり、これから来る予定の外資系会社に目を付けるのも良い方法であると思います。

まずは、正しい選択をする基準をみなさんにも、ぜひ持って欲しいと思います。

PART

2

ネットワークビジネスの成功に欠かせないこと

あなたが失敗を繰り返している理由

本書では、ネットワークビジネスを行う際に必要なマインドとテクニックについて、これから多くのことを伝えていきます。その前に、ぜひお話ししておきたいことがあります。それは、ネットワークビジネスにおいて欠かすことのできない、いくつかの基本についてです。

残念なことに、多くの方々が、この基本中の基本を忘れ、踏み外してしまっています。それゆえに、たとえ多くの時間をこのビジネスにつぎ込んだとしてもなかなか成功できていません。

ここではまず、基本中の基本、本当に大切ないくつかのポイントについてまとめてみたいと思います。

このネットワークビジネスで成功するんだ！という気持ち

まず、ネットワークビジネスを通して会う方に、私が必ずお伝えしていることがあります。それは「決めること」の大切さです。

ネットワークビジネスでは、仕事をしていると断られたり、否定されたりということが常に起こります。壁にぶち当たるし、失敗もたくさんすることになります。そこで決断がゆるいと誹謗中傷《ひぼうちゅうしょう》に負けてしまって心が折れ、やめてしまうことになります。

ネットワークビジネスは長期的に続けないと選ぶ意味がない仕事です。ですから、何よりも先に必要なのは、「このネットワークビジネスで成功するんだ！」としっかりと気持ちを決めることです。

正しい努力の仕方を身に付けること

スポーツでも趣味でも、あるいはどんな仕事でも、初めは必ず研修を受けたりトレーニングを行ったりすることからスタートします。ネットワークビジネスでももちろん勉強、トレーニングが必要です。

このビジネスは結果がすべてです。みなさんよく誤解されるのですが、「努力」＝「成功」

ではありません。一生懸命努力し、時間を使っても、それがそのまま成功につながるというわけではありません。

「努力」＝「成功」ではなく、「正しい努力」＝「成功」であることをきちんと認識してください。

同じ時間勉強しても、三流大学にしか受からない人と東大に受かる人がいます。正しい努力の仕方を知るということは、それほど大きな差が出ることなのです。まずみなさん、正しい努力の仕方を勉強していく必要があります。

素直になること

正しい努力の仕方を勉強することが必要ですが、この勉強の際に必ず必要なのが「素直さ」です。たとえば、あなたにさまざまな大切なことを教えてくれる相手は、必ずしも年上の人ばかりではありません。年下の人が仕事上では先輩で、あなたにさまざまなことを教える立場となることもあります。

また、あなたが考える常識とはまったく違うノウハウを伝えられることもあるでしょう。その時、あなたが過去の価値観を捨てきれず、「年下だから」「そんなやり方は、おかしい！」といった気持ちでブロックしてしまったら、せっかくの貴重な知識もまったく身に付けることができません。とにかく今までの、成功していないあなたの常識は捨て、素直にすべてを受け入れる気持ちを持ってください。

誤解を理解に変える仕事であると知ること

私たちは、ただ置いていても売れないものを売っています。黙っていても売れるのなら、自動販売機ででも売ればいいわけで、それでは売れないからネットワークビジネスとして販売しています。つまり、説明がないと売れない商品を私たちは売っています。

ただ置いてあるだけではその良さが伝わらず誤解されている商品を、その価値をしっかり伝えることやファンになってもらうことで売れる商品に変えていく。つまり、私たちの仕事は「誤解を理解に変える仕事」なのです。

変わらなければ変化は訪れない

多くの人は、自分を変えるということに抵抗を感じます。それは、今のままでいるほうが楽だからです。しかし、今現在のあなたは、成功していないあなたです。当然ですが、そのままの状態では、今と同じ生活を送る将来が待っています。年齢が上がっている分、同じではなく、もっと下の生活が待っているかもしれません。

そのような生活から抜け出すために、あなたはネットワークビジネスを始めたのだと思います。それならば、成功していない自分を変えなければならないのは当然のことです。にもかかわらず、変化を受け入れようとしない人がとても多いのが現実です。

たとえば、あなたはたぶんこれまで生活してきた中で、好きな生活パターンを持っているはずです。カフェに行く、趣味に没頭する、本を読む、ゲームをする、そんな時間の使い方です。その優先順位が習慣になっています。

しかし、変わるためにはまず違和感を受け入れなくてはなりません。その身に付けた優先順位をすべて捨てて、今まで経験したことがないような、違和感のある時間の使い方をあえて受け入れていくことが求められます。

「ダメ」を受け入れること

この仕事は、未熟な人同士が集まっているという一面があります。

当たり前の話です。人間的に完成している人であれば、とっくに成功しているはずで、わざわざネットワークビジネスを始める必要もありません。これから変わりたい、もっと自分の生活を良くしていきたいと思っている人が集まっているのです。つまり、未完成、未熟な人たちが集まる仕事であるわけです。

そんな人間同士の中で、もしあなたが相手に対して完璧を求めたとしたらどうでしょう。相手はつらい気持ちになり、そしてあなたから離れていきます。

この仕事はコミュニケーションビジネスです。コミュニケーションを通してファンをつくっていく仕事です。それなのに、相手の「ダメ」な状態を受け入れることなく、完璧を求めたら、その結果はあなたが求めているものとは正反対のものとなります。つまり、相手に完璧を求めることは、成功から離れていくことなのです。

あなたの周りにいる人は、たとえビジネスの世界であったとしても、これから長く付き合っていく人たちです。その相手を否定しては、相手は成長しないし、相手の力を借りて成長していかなければならないあなたにも成功は訪れません。

「ダメ」を受け入れることが大切です。

会社選びを絶対に誤らないこと

ネットワークビジネスでは会社選びが非常に大切です。最も重要な点と言えるかもしれません。もしあなたが限られた時間にインターネットを活用してビジネスをしたいと望むのなら、そのような会社を選ばなくてはなりません。

こうしたシステムが導入されていない会社を選ぶと、あなたがどれほどインターネットを活用したいと望んでも、決して認められることはありません。

いかがでしょうか。この中の複数の項目、あるいはどれか一つでも、「全然意識したことがない」という項目があったなら、たぶんそれが成功していない理由ということが言えるでしょう。

まず、この基本中の基本を意識したうえで、あとの章をお読みいただければと思います。「では、どうすればよいのか？」にも、すべてお答えしていきます。

PART

3

「成功マインド」に必要なこと

「成功マインド」に必要な2つのこと

この章では、ネットワークビジネスを行っていく上で非常に大切な、あなたの気持ちの持ち方、マインドの部分についてお話ししたいと思います。

本書の後半では、ネットワークビジネスを進めていく上での実際のテクニックを紹介しています。ただし、テクニックをいくら覚えても、あなたのマインドができていなければ決して成功はしません。

その意味で、まずマインドについてお話しをさせていただければと思います。

まずは「成功マインド」についてです。自分を成功に導く気持ちの持ち方について、お伝えしたいと思います。

この成功マインドの中で非常に大切なこと、それは自分の可能性を信じることです。

これからみなさんは、いろいろな努力をし、たくさんの苦労をしていきます。多くの壁にぶつかることもあるでしょう。その時、壁を乗り越えられるか、乗り越えられないか。そこで大切なカギとなるのが、自分の可能性を信じるということです。乗り越えた先には成功が待っていると信じていれば、たとえどんな壁にぶつかってもあなたは必ず乗り越えようとするはずです。

しかし、自分の可能性を信じていなかったら、どうでしょう。「乗り越えてどうなるの？」「そんな苦労したって、結局、自分は変わらない」と、ほんの少しでも思ったとしたら、苦労しても壁を乗り越えよう、などとは考えられなくなります。

たとえば壁にぶつかった時でも、「これまで何をやってもうまくいったから、今回も絶対にうまくいく」と信じていたら、必ず壁は乗り越えることができます。

もし、逆だったらどうでしょう。「何をやってもうまくいかなかったし、今回も」などと思ったら、壁にぶつかった瞬間に、あきらめてしまいます。そうなったら終わりです。その先に何も変化は訪れません。

壁を乗り越えられたら、確実に理想のライフスタイルが待っていると保証されれば、何があっても乗り越えようと思いませんか？

もちろん、世の中に確実な保証など存在しません。保証はないが、保証はつくることはできる。私はそう思っています。

私は自分の中で成功は保証されていると思っています。誰が保証しているのか。それは私自身です。

確かに失敗することはありますが、やり続けたら絶対乗り越えられるということを信じています。だから、私自身は何をやっても必ず成功すると思っています。単に成功するのが早いか遅いか、効率が良いか悪いかの差があるだけです。

まずあなたは、自分の可能性を信じましょう。もし、あなたが自分のことを信じることができれば、そこにはさまざまなプラスの効果もあります。

これからみなさん、ビジネスを進めていくうえで、多くの方々とコミュニケーションをとっていくことになります。その時、自分のことを信じていると、それは態度の違いとなって確実にあらわれます。周りの人は自信満々のあなたを見て、興味を持ち、人がついてくるようになります。だから私は常に自信満々です。

「村井さんの自信はどこから生まれてくるのですか？」とよく言われますが、私の自信にみんなが集まって来てくれることを知っているからです。

まずは自分のことを信じること。すべてはここから始まります。

そして、成功マインドにおいて自信を持つことの次に大切なのが、「相手を信じること」です。

ネットワークビジネスのような、人と人のコミュニケーションが何より大切な仕事においては、自分のことをグループの方々に信じてもらい、ついてきてもらう必要があります。

では、人に自分のことを信じてもらうにはどうしたらいいのか。それは相手のことをあなたが信じることです。信じるから信じてもらえる。逆に疑えば疑われることになります。

では、人の何を信じるのか。それはグループやアップの可能性です。まずあなたがグループの可能性を信じることです。

ネットワークビジネスにおいて、営業はとても大切な活動ですが、それ以上に大切なのが、フォローです。フォローがあってこそ、グループのメンバーが、さらに営業するようになっていきます。

では、フォローとは何か。それは教育です。あなたがグループのメンバーと多くの時間を共有することで、あなたはメンバーに教育を行い、育成していきます。教育には時間が必要です。あなたも多くの時間を投資することになります。ですから、相手の可能性を信じていなければ、あなたの時間を投資することだってできません。だから、グループメンバーの可能性をとことん信じて、時間を共有することです。

さらにアップを信じることも重要です。アップを信じるとは、どういうことか。アップは基本的に自分よりも高い能力、スキルを持った存在です。ただし、アップも完璧な存在ではないですし、ダメな部分もあります。しかし、ビジネスとして一緒に組んでいく以上は、とにかくアップの可能性を信じることが重要です。自分のアップは、これから成功していく人だと信じる。

このビジネスは自分一人では上のレベルに上がっていくことはできません。アップが上がれば自分も上がる。グループが上がれば、自分も上がる。そういったシステムになっているのです。

だから、アップを信じ、グループを信じる。そうすることで、アップもグループもあなたのことを信じて応援し、フォローしてくれることになります。

相手は自分の鏡。自分は相手の鏡。まさにこのビジネスは、この鏡の法則で成り立っています。

信じることを忘れずに。まずは自分を信じ、次に人を信じること。この大切な基本を忘れずにいて欲しいと思います。

自発的に行動する

ネットワークビジネスは、自発的に行動しないと成功しません。

当たり前のことだと思うのですが、この大切な基本を理解し、習慣化していない人が、実は多く見受けられます。「セミナーありますよ！」と人から言われないと行かない人。「今日アポを取ろうか」と人から言われないと動かない人。仕事のできないサラリーマンのように、指示を待っているだけの人があまりにも多いです。

ネットワークビジネスは、オーナービジネスであると私はよく表現します。オーナーというのはすべて自分で決めていきます。いつ働くのか、どのくらい働くのか、誰と働くのか、すべて自分で決めます。もちろん、いくら稼ぐのかも自分で決め、自分で行動計画を立てていくという仕事です。

しかし、サラリーマン経験が長いと、どうしても自分で仕事をつくるというイメージが湧《わ》かないかもしれません。

この仕事はオーナービジネスなので、自分で自分のやる仕事を決めていく必要がありますし、その意識が非常に重要になってきます。

すべて自分が決めるという作業はいい意味で自由なのですが、うまくいかない人は、それを悪い意味での自由と捉《とら》えてしまう人がいます。

本来は、好きなだけ稼げる自由でなければいけないのに、好きなだけサボれる自由になってしまっている、そんな残念な人がいます。サボってうまくいくのでしたら、誰でもうまくいきます。

オーナービジネスに必要な自由とは、「自由に好きなだけ働ける」「自由に好きなだけ頑張《がんば》れる」「自由に好きなだけ稼げる仕事である」ということです。これらの自由を強く認識して欲しいと思います。

まず、あなた自身が自発的に自分で仕事をつくっていく意識を持ってください。そうすれば「鏡の法則」によって、あなたのグループの方も命令されなくても自発的にやっていくようになっていきます。

メンバー全員が自発的に動く組織をつくっていくというのが、この仕事なのです。これが本当の権利収入を得るための秘訣《ひけつ》です。

一人でいる時、「自発的」に何ができるかを真剣に考え実行してください。正直なところ、1日、2日では全然変わらないでしょう。

しかし、一人でいるときの「自発的」な努力の積み重ねによって、あなたは1年後、2年後にとんでもない人になっていきます。

1日の成長はなかなか目に見えづらいのでついサボってしまう、ついプライベートを優先してしまうということがあるかもしれません。しかし、1年後に大きく差が開いてしまう原因は、すべてその1日、1日の陰の努力であり、自発的に行動できているか、できていないかにかかっています。

常に自分で何ができるかを考える。ぜひこの意識を持ってください。

人が嫌がることを率先してやる

ビジネスに限らず、苦労、努力は何事にも必要です。その先にしか成功はありません。あなたが成功できない理由は簡単です。その苦労、努力ができていないということです。

成功者は苦労、努力を惜《お》しみません。それが成功するか、しないかの分かれ道であることを知っているからです。

これからあなたは、ネットワークビジネスをやっていくわけですが、必ず苦労しなければならないタイミングがやってきます。成功したい人は、決断、選択を迫られた時に、苦労する方の道を選択します。成功しない人と、ここが決定的な差になります。この部分をぜひあなたも意識して欲しい。

みんなつらいことから逃げたいのは当然です。もちろん、私だって逃げたいです。つらいことなどしたくないと思います。しかし、たとえば営業職はとくにそうですが、断られることがたくさんあります。でも、そこで乗り越えるから、その先に成功があります。みんなが遊んでいる時に、仕事をしなければならないことも多いでしょう。もちろん、それはつらいことです。でもそこで頑張るから明るい未来がやってきます。

頑張るか頑張らないかの選択を迫られる時期が、あなたにも必ず訪れます。もしかしたら、あなたはまさに今、その選択を求められているのかもしれません。この時に「なんかもういいや、明日やろう」などと考えていませんか。「明日やろう」は「バカやろう」と同義です。あなたは、このような誤った判断を繰り返すうちに、負け癖がついてしまっているのかもしれません。いつも問題を先送りにしたり、楽な道を選んでしまったり……。

しかし、それではあなたに変化が起こりません。それは今までどおりの生活をいつまでも続けることを意味しています。

あなたには、「普通の人がここで苦労する道を選ばないなら、自分はあえて苦労をするんだ」と思う習慣を、ぜひとも身に付けて欲しい。

たとえば何かを勉強する時にも、「成功のヒント、きっかけがここにある」と思って一生懸命やる人もいれば、「まあいいか、変わらないし」と、変われるきっかけから逃げてしまう人もいる。英会話の勉強にしてもダイエットにしてもすべて同じです。

英語を話せる自分になりたい。痩《や》せたい。みなさんそう言いますが、努力を避けているからいつまでも話せないし、痩せない。そこで苦労を選び努力した人だけが英語をしゃべり、痩せた身体を手に入れている。妥協しているからいつまでも英語がしゃべれず、ぶよぶよな身体のままなわけです。

ビジネスの世界もまったく同じです。苦労する道を選ぶ、このちょっとした違いが成功するかしないかの分かれ道です。

私自身は、「ここで一苦労すれば、また一歩、成功に近づく」と思い続けてきました。普通の人はここで絶対、「まあいいか」となる。「だったら、私はここで努力する」という判断の仕方を習慣づけてきました。「普通の人はここで嫌《いや》がる、やらない」という場面は、自分にとってはチャンスの分かれ道だ、と毎回とらえるようにしています。この繰り返しで、気が付けば絶対人がやらないことをやる自分になり、代わりがきかない自分になれたのです。

成功する人は、成功する要因を自分でつくっています。成功する要因を持っています。それをあなたも自分の手でつくっていくためには、苦労をなるべく選ぶようにして、人がしないことを人以上に努力するということを習慣化していきましょう。これからあなたはビジネスをやって行く上で、たくさんの分かれ道で選択を迫られることになるでしょう。この時、苦労を選ぶということをぜひ思い出してください。

必要とされる自分になれ

ネットワークビジネスでは、新規の方にもメンバーの方にも、何度も何度も会う必要があります。

その時、相手に必要とされる自分になっていないと、どれだけコンタクトをとっても、相手から嫌がられたり連絡が途絶えたりします。

ですから、会っている時や話している時に、「どうやったらこの人はまた私に会いたいと思うのか？」「必要としてくれるのか？」を常に意識しておくことが必要です。

そのためにあなたは、とにかく相手と会っている時、接点を持っている時に、どれだけ相手に価値の提供ができるのかを考えてください。どれだけ貢献できるのかを真剣に考えてください。

そうすれば相手から必ず必要とされます。必要とされると、相手から連絡が来ます。もし、一生涯あなたに会いたいと思ってもらうことができるようになれば、組織をつくることも簡単にできます。それが権利収入につながるということなのです。

目の前の人と、次にまたちゃんと会えるか。そのために自分に何ができるのか。もちろん、考えるだけではなく、きちんとアピールしていくことも必要です。

いかに媚《こ》びず、いかに相手から必要とされるための自分になるのか。このことを、人と交わっていく際には忘れずに意識してください。

自分の心を磨き「器」を大きくする

自分の「器《うつわ》」と収入は比例します。収入とはネットワークビジネスにおいては人の数と言い換えることができます。

そして自分の器、つまり自分のキャパシティ以上に人は入って来ません。たとえば1、000人で最高タイトルになれるとしましょう。その場合、1、000人の受け入れ態勢が整っている人だから、最高タイトルになれるということが言えます。

逆に人が入って来ても、受け入れ態勢が整っておらず、人を成功に導いていける自分になっていなかったりで、入ってきた人がどんどんこぼれ落ちていったとしたら、いつまでたっても1、000人にはなりません。

つまり、キャパシティ＝器以上に人が集まり、お金が入ってくることはないということです。だからこそ、自分の器をしっかり磨いて大きくしていく必要があります。

では、器とは何か。どういったところで、その器が問われるのでしょう。

何事もそうですが、うまくいっている時には、力の差は感じにくいものです。みな、テンションも上がっていますし、気持ちも高ぶっていて、毎日アクティブに頑張って、非常にいい動きをします。

力が問われるのは壁にぶつかった時です。お客様商売であり、お客様を増やしていくことが使命のネットワークビジネスでは、トラブルは必ず発生します。トラブルがまったく起きないということはありません。絶対に発生します。起こるべくして起きます。

時にはメンバーさんが、時には新規の方が、活動内容を否定したり、アンチな発言をすることもあるでしょう。あるいはグループを辞めていったりするかもしれません。しかし、組織を100人、1、000人、10、000人に拡大していこうと思ったら、反対意見との対峙は絶対に通らないとならない通過点でもあります。

たとえば離脱率が20％としましょう。10人いたら2人は辞めてしまうということです。2人と聞けば小さいようにも思えますが、これが1万人いたら2、000人が辞めてしまうということです。そう考えれば、20％はかなり大きな割合です。この数字は会社やグループによって変化しますが、決してゼロにはなりません。

その起こるべくして起こるトラブルが生じた時に、どれだけあなたが冷静に、長期的に物事を判断することができるかどうかが重要になってきます。

こうしたとき私は、「楽しみなさい」ということをよく言います。

映画を例にあげるのですが、優《すぐ》れた映画のストーリーでは、良い場面もあれば嫌な場面もあります。そして、嫌な場面があるから、良い場面にストーリーが展開されていった時に、本当にハッピーな気持ちになることができます。

あの時の苦労があって、今があると思えるから、みんなで感動を分かち合うことができるわけです。ですから、トラブルでマイナス局面に陥った時も、楽しもうと言っています。

問われるのは、壁にぶち当たった時にどんな自分でいられるかということです。その時にこそ、あなたの器が試されているのです。

だから、相性が悪い人がいて、言うこと聞かないといった事態が起こったとしても、いちいち怒っていてはいけません。それは一定の割合で起こるべくして起こっている問題であるということ。そういう人も必ず一定数出てくると考え、冷静に、できれば楽しんで対応することです。

では、次に器を大きくするためには、どのようなことをすればいいのでしょう。

一つには、たくさんの本を読むことです。たくさんの関連本を読めば、さまざまなケースを家にいながらにして体験することができます。器の大きい人、技量の大きい人の考え方に触れることも重要です。そうすると自分の器の小ささにも気づくことになります。

そして、何より大切なのは経験です。経験を積み上げることが器を磨くことであると私は思っています。

では、どのような経験が自分の器を広げてくれるのか。それは、人を受け入れることです。どんな人が目の前に現れたとしても、「そういう人なんだ」と受け入れてあげることが大切です。

初めから完璧な人はいません。どのような人であっても自分と一緒に育っていく。ただその人は自分より遅くスタートしただけで、まだスタートラインの近くにいるだけ。自分は先に行っている先輩なのですから。

幼稚園児や小学生は、やってはいけないことをやることもままあります。それを、怒るだけ、あるいは嫌いで済ますのは、先生や大人の態度として間違っています。しつけの意味で叱るのは大切かもしれませんが、やさしく諭し、説明していかなくては、子どもの成長は望めません。

どんな人でも受け入れ、一緒に成長していくこと。自分の器が大きくなれば、収入がたくさん入ってくるということを信じ、忘れずに行動することが大切です。

ネットワークビジネスでの興味付けの仕方

ここでは、ネットワークビジネスを行っていく上で大切な「興味付け」についてお話ししたいと思います。まず、「興味付け」はネット上でもリアルな場所でも、その原理は同じです。「興味付け」とは興味を持ってもらうことです。ここで勘違いされる方が非常に多いのですが、「興味付け」とは内容を丁寧に説明することとはまったく異なります。

たとえば映画に対して「興味付け」をすることを考えてみましょう。

映画に興味を持ってもらうのに、もし映画のストーリーを丁寧に説明してしまったら、どうでしょう。内容がわかってしまった映画を観に行きたいとは誰も思いません。

一言で言うと、「興味付け」とは感動を伝えることです。「ホントすごい！」「ホントやばかった！」「観たほうがいいよ！」と、いかに感動を相手に伝えるか、ということです。

この基本はビジネスの場合でも同じです。内容を絶対に伝えてはいけません。伝えることは感動、感想です。

ですから、このビジネスを紹介する時には、あなたがこのビジネスを知った時に何を思ったのかを、ぜひ伝えてあげてください。

「えっ自宅でできるの！」「スマホでできるの！」「寝ていてもできるの！」「ホームページだけでできるの！」「会わずにできるの！」「しゃべらずにできるの！」、そんな感動を伝えるのです。

もちろん「在宅ＯＫです」「スマホでできます」といった言葉だけでは、ビジネスの内容は絶対にわかりません。

だから、人は興味を持ちます。興味を持つということは、１００％どころか、知らないからであり、そして、心の中にクエスチョンを生み出すことなのです。

興味付けの仕方とは？

1.内容を語らないこと

2.相手に“？”をつくり、興味を持たせること

3.聞きたくなるワードを決めておくこと

その大きなクエスチョンを解消したい。だから教えて欲しい、と思ってもらうのが、「興味付け」のゴールだということを意識してください。

とくにインターネットを活用してビジネスを行うような場合、陥りがちな例として、「初めまして、私はこんなビジネスやっています」と超長文で内容も全部しゃべってしまっていることがあります。それが相手に対する親切であると勘違いしています。

この「興味付け」の基本を意識したうえで、ぜひネットでビジネスを展開されている方の文面をご覧になってください。

その計算された仕掛け、意図的な意識があなたにも理解できると思います。

断られ続けると成功できる

私はよく周りから、「いつもそんなにテンションが高いのですか？」とか「落ち込むことはないんですか？」と言われます。答えは、いつもテンションは高く、落ち込むこともまったくありません。

ネットワークビジネスのような仕事をしていると、本当にたくさんの人に出会います。その中で営業していれば断られることもありますし、中には私のことを嫌いになってしまう人もいるかもしれません。

それでも私はまったく動じません。簡単な話です。なぜなら、それは「大数の法則」だと思っているからです。

やる人もいればやらない人もいる。好きになってくれる人もいれば嫌いになる人もいる。ただ、それだけの話です。

ネットワークビジネスにおいて100%の成約を目指すと、当然ですが、そうならない場面の方が多く、気も滅入《めい》るし、つらい気持ちにもなります。

それは逆だと思いましょう。たとえば最高タイトルに1、000人でなれるとしましょう。しかし1、000回のプレゼンテーションを行って、1、000人が成約することなど考えられません。そのうちのよくて3割、1割でも不思議ではありません。

つまり、最高タイトルの1、000人の成約を取るためには、3、000アポイント、1万アポイントが必要で、それがあれば達成できるということです。これは逆に言えば、9、000人に断られているということです。

もちろん、あなたはわざわざ断られるために、プレゼンテーションを行うわけではありませんが、断られた数だけ声をかけた人の数が増えるということにもなります。

私自身、3割くらいの成約が普通で、7割は断られていました。そして感じたことは、あまり難しく考えず、とにかくアポの分母を増やすことでした。そして、断られ続けるうちに質が上がっていきました。

私はビジネスとは、失敗すればするほど成功すると思っています。そもそも成功者に失敗していない人はいません。

では、なんで失敗したら成功するのか。ネットワークビジネスの場合でも、断られることをあなたは失敗ととらえていると思います。実は逆で、断られることで成功に近づいているのです。

まず断られることで、いろいろな経験が身に付きます。次の機会からはその経験が生きて、失敗しなくなっていくのです。

つまり、失敗からしか成功はしない、ということです。断られた数の先に成功が落ちているわけですから、これからもみなさんはどんどん断られてください。これからみなさんは、ネットワークビジネスを行っていく中で、人生が変わるくらい断られ、否定されるかもしれません。しかし、本当に人生を変え、成功を目指すのであれば、断られることを成功への方法と考える覚悟があればいいだけのことなのです。

ですから、私も断られてめげるということは一切ありません。むしろ、めげている時間に意味がないと思っています。

あまり考えても意味がないことは、すべてプラスに転じて、考えていくようにするのが大切です。

断られる先に成功がある。ですから、あなたもたくさん断られてください。

逆境を転じて前進の一歩とする

これからみなさんは、ネットワークビジネスにおいて、いろいろな壁にぶち当たっていくことでしょう。たくさん断られますし、たくさんの苦労が待っています。正直なところ、そんな中ですぐあきらめてしまう人もいるはずです。しかし、成功していくためには、あきらめるということは、もちろん論外です。

実はあきらめてしまう人には共通点があります。それは、いつもやらない理由を探しているという点です。

たとえばネットワークビジネスへの登録を考えた時、「お金がないからやらない」「お金ができたらやる」という人がいます。そういう人は、登録前も登録後も同じことを言います。余裕ができたらやりたいとも言います。その気持ちはわからないこともありません。しかし、その考え方は根本的に間違っています。この仕事は、お金がない人がやるものなのです。

そもそも、みなさんにお金のゆとりがあったら、この仕事をやる必要があるのでしょうか。現在や将来のお金のことが不安だったら、なおさらやらないといけないはずです。

私はよく「やらない」理由が「やる」理由だという話をします。同じように「あきらめる」理由も本来「続ける」理由であると思います。だから、お金がない、人脈がない、という「やらない」理由は、そのままあなたが「やる」理由でもあるわけです。

たとえば、今の時代、ネットワークビジネスはネットを活用する方法が中心となってきます。ですから、人脈はいかようにでもできるのです。「人脈がない」「伝える人がいない」からやめる、という方もいますが、伝える人がいない人生だからこそ、なおさら変えていかなくてはならないものだと思います。これから長い人生を生きていく中で、たとえ仕事の関係であったとしても、助け合える仲間、そういうビジネスパートナーに恵まれていたほうがいいはずです。

時間がないのをやらない理由にする人もいます。「時間がないからやめます」。こんなことを言うのですが、これも逆です。時間がある人は、その時点でゆとりを持っていますから、この仕事をやらない人が多いのです。逆に時間がない人は、たいがいお金に困っている人が多い。これは今まで多くの人を見てきた上での事実です。時間がない、お金がない人生だからこそ、ビジネスを始めて変えていかなくてはなりません。

私は特に、新しい時代のネットMLMのようなビジネスは、時間がない人にこそやってほしいと思っています。

ネットMLMは時間的な自由を手に入れるためのものです。私はネットMLMを駆使して、ホームページ、動画、メルマガ、インターネット上にある仕組みをつくり、時間的な余裕をつくりだしています。

私は日常、時間をつくって動画を撮影し、それを通して自分の考えをみなさんに伝えています。この動画の撮影も、自分の未来の時間をつくるためにやっています。忙しいから動画は撮影できない、ということではなく、忙しいからこそ動画を撮影しています。

だから時間のない人こそ頑張らなくてはいけない、ということです。時間がない人は、変わらなければ、未来もずっと時間がないと言うはずです。

未来に時間がある状況にするためには、今、時間がない中で苦労する必要があるということです。だからみなさんが、お金がない、人脈がない、時間がないと言って、何も始めないのは、それ自体がその状況を招いているということです。とにかく前進の一歩を通して、自分を変えていくことが大切です。

ブレない心のつくり方

このビジネスは、周りの人がみなさんを常に試しています。みなさんは周りから常に見られ、試されていると意識して欲しいと思います。

たとえば、Bであるあなた、新しく話を聞くお友達がCさんで、Aさんがプレゼンを行うような形を考えてみましょう。伝えられる側のCさんがネットワークビジネスをやるか、やらないかの判断をする場合、何が最も重要になってくるのか。それはほとんどBさん、つまりあなたの存在がCさんを左右します。

Cさんは Bさんを見ています。Cさんは Bであるあなたとほぼ同様の生活スタイルや収入でした。そんな状況からスタートし、もしあなたが先に結果を出し、うまくいっているとしたら。当然、Cさんは、「Bさんがうまくいくくらいだったら、私でもうまくいく」というように感じます。つまり、Cさんの気持ちはあなた次第であるわけです。

実際、このビジネスでは、Bさんが圧倒的に稼ぐと、Cさんが始めるというケースが非常に多く見られます。

逆にBさんがまだまだの状態だと、Cさんの気持ちは決まらず、否定的なことを言ったりするわけです。

この仕事は「勝てば官軍、負ければ賊軍」のようなところがあります。勝てば周りはすごく評価してくれます。あなた自身は同じ人間なのに、あなたが成功した瞬間にガラッと評価が変わります。反対に負けたらボロカスに言われます。

口には出さないかもしれませんが、心の中では全員が、そう思っています。それはあなたがどのような人間だろうと関係ありません。結果が出たら評価される。出なければ評価されない。それだけです。ですから、やると決めたら、結果が出るまでやり切らないとダメということです。

私が初めてこの業界に入ってきた時、私の親はすごく否定的でした。初めて10年間ぐらいは私に対して、「まだネズミ講をやってるのか！」と否定的なことをずっと言ってきました。しかし、ひとたび私が成功すると、生活のシェアをしていることもあって、今は肯定しかしません。応援もしてくれる、そんな関係性になりました。

親は家族に対しては、心配で不安ですから、いろんなことを言ってきてくれる。ですから否定的なことを言われても、そういうものだと思っていたらいいと思います。そんなところでブレていたらダメです。

しかし、うまくいってない時というのは、いろいろなことを言われるし、いろいろな誘いも受けます。特に若い方は選択肢が多い分、誘惑も多くなります。

たとえば、あなたが目の前のビジネスで頑張っている時、他のビジネスをやらないかと誘いが来ます。今のビジネスで、まだ全然芽が出ていない場合、やはり誘いが来ると、そちらがいいかなと心が揺れます。

しかし、そこで他のものに飛びつくことは、結局、周りの人から信用を失う結果になってしまいます。周りの人は、あの人はブレていると思うだろうし、そうなれば人も離れていってしまいます。

同じ意味で、仕事の掛け持ちというのもお勧めしません。2つも3つもビジネスを掛け持ちする人は、やはりうまくいかないことが多いと思います。

グループの人には、「目の前のことを信じ、集中してやろう！」と言っておきながら、あなた自身が2つも3つも他のものに目がいっているとしたら、周りが動くはずがありません。

成功するまでブレない気持ちを持つこと。これが重要です。

キャラクター設定について

ネットワークビジネスは「T-UPが命」であるという言葉を聞いたことはあるでしょうか。

T-UPとは、おそらくゴルフ用語から来ていると思うのですが、持ち上げるという意味であり、情報を正しく伝えるための欠かせないプロセスです。

先述しましたが、これからネットワークビジネスを始めるかどうかを検討中であるCさんの気持ちを決めるのはBさん、つまりあなたの存在です。

会場においてプレゼンテーションを行うAさんの話をCさんの心に届けるためには、Cさんの話を聞く態勢をつくることが重要です。Aさんの話は非常にためになる、価値がある、自分のために何か素晴らしいことを言ってくれる、とCさんが思っていれば聞く耳がまったく変わってきます。そのCさんの聞く姿勢をつくるのが、あなたの存在なのです。

ただ、これからインターネットを活用していくネットワークビジネスでは、Cさんの心を整え、話を聞く態勢をつくるBさんが存在しません。そのBさんの代わりになるのが、たとえばブログなどです。そのブログ自体が、Bさんの役割をするような記事であれば、プレゼンテーションにおける決定率は格段にアップします。

では、普段Cさんは、Bであるあなたに何を言ってもらったら話を聞きたくなるのか、それをあなたが記事に再現できればベストです。

あなた自身がインターネット上でブログなどの仕掛けを考えていく時、Aさんの話を聞きたくなる、自分のための素晴らしい情報である、ということをCさんが感じる情報は何かということを常に意識して欲しいと思います。そのためには自身のキャラクター設定を考えることも重要です。

自分自身のキャラ設定とは、Cさんにどのような人だと感じてもらいたいかを決めて、そのキャラに自分がなっていくのです。投稿内容はもちろんですが、言葉づかいなどもすべて意識するのです。と言われると、難しいと感じる方もいるかもしれません。しかし、ネット上にはたくさん参考になる人が存在します。

ネットワークビジネスの場合、アップラインの真似をするのが一番理想だと思います。アップラインのSNSなどを見て参考にし、自身のキャラ設定を考えていくことです。

正しいブランディングの仕方

ネットワークビジネスにおけるブランディングとは、自分自身をブランド化していくということを意味しています。

では、なぜブランド化が重要なのか。従来のリアルMLMであれば、BさんがT-UPをかけてくれますが、SNSやネット媒体で営業する場合は、SNSやネット媒体がBさんの役割をすることになります。ですから、きっちり自分のキャラクター設定を決めてブランディングする必要が出てくるわけです。

たとえば一番多いのは、成功者のライフスタイルを見せていくブランディングです。そういった投稿をすると、自分のライフスタイルを今より良くしたい人が興味を持ちます。

高級レストランやリゾートホテルに行ってきました、家、車、ブランド品、高級時計などを持っています、などの内容になります。

投稿してる人が、必ずしも成功しているわけではないのですが、それでも一定数は興味を持ってくれるので、セミナーなどの案内を流すと問い合わせの反応率が高まります。

その他では、見に来てくれる読者の方々に役に立つような、中身のある記事を書いて投稿し、ファンになってもらうのが王道です。


ネットMLMの組織づくりで考えると、そのままネットMLMに関する、役に立つ記事がベストな内容なのですが、さすがにSNSでMLM全開でブランディングしていくのは得策ではありません。

ネットビジネス系の記事にしてみたり、自己啓発系の記事を書いたりと、なるべく脱線しすぎないレベルで書いていくのがいいと思います。

あまり脱線して、釣りや料理のプロなどいうブランディングをして記事を書いてしまうと、単に釣りや料理好きの方々が集まってしまいます。


私の場合は、初めはあまり戦略を立てずにSNSを始めて、とりあえずセミナー企画運営をしています、というような投稿を繰り返していました。

ですから好感を持っていただいた方々の、その頃の私の印象は、セミナービジネスをたくさんやっていて、人脈が広そうな人。色々なビジネスに詳しそうな人、というところだったと思います。

逆にマイナスイメージを持った方々も一定数いて、会ったら何か売りつけられそう。ずっとセミナーばかりしていて、まだまだ成功できてない、これからの人、という印象もあったことでしょう。後から聞いた話では、実際、そうだったようです。

途中からは、私が実際に旅行してみて泊ったホテルや、経験したことを記事に書くようにし、旅行ブランディングに方向転換をしていきました。

初めは通常の投稿よりは、「いいね」が取れると思ったくらいで、それほど大きな効果を感じませんでした。ところが3か月、半年と継続してみたところ、じわじわ効果が出はじめて、何もしなくても問い合わせがくるようになりました。

そして、それはネット上での人脈だけではなく、リアルの知り合いにも効果が出てきました。会うたびに、最近、調子良さそうだねと言われるようになり、時には私の何倍も稼いでいる人にまで、羨《うらや》ましがられることもありました。

初めは、自分でも原因がわからなかったのですが、最近になって気づいたことがあります。

それは世の中のお金持ちは、どれだけすごいお金を持っていても、実際は長期旅行に行けるだけの時間がない方も多いということです。

ですから、改めて働かなくても入ってくる権利収入の魅力と、どこでも仕事ができる、ネットＭＬＭの魅力を感じるようになりました。


少し脱線してしまいましたが、要は、旅行ブランディングにしたおかげで、時間的、金銭的に自由を手にいれている人だと、自然に思ってもらえるようになったわけです。

何もブランディングができていなかった時は、自分からアプローチしないと反応が取れないプッシュ型の営業だったのが、自然と問い合わせが来る、プル型の営業になっていったのです。


この差はとても大きかったです。自分で営業をし続ける、プッシュ型の仕事だと思うとアポイントを取る行為は、とてもしんどいイメージがあります。しかし、何もしなくても問い合わせが来るプル型の仕事だと思うと、精神面でも、すごく楽になれるので、楽しくアポイントを取り続けることができたのです。

またアポイントだけなら、別にブランディングは必要ないと思う方もいるかもしれませんが、それは大きな間違いです。

というのは、確かに新規向けで考えた場合、必要ない方もいるかもしれませんが、あなたの投稿は、メンバーさんも見ていることを忘れてはいけません。

メンバーは、頑張ったらアップラインのようになれると思って投稿を見ています。

そのメンバーさんは、普段、アップの真似をしたらいいと教わっていますから、自分がまったくできてないと、それが同じようにグループに連鎖してしまいます。

なので、まったくブランディングをしないなら、むしろメンバーには、自分のSNSを知られないようにしたほうがいいでしょう。

その投稿が、成功のイメージどころか、逆に残念なイメージの投稿になってしまっていたら、T-UPどころかT-DOWNになってしまいます。

メンバーさんに勇気を与える意味でも、ブランディングはした方がいい、ということなのです。

タイムマネジメントの方法について

タイムマネジメント、つまり時間管理はネットワークビジネスにおいて欠かせないスキルです。いかに、時間を効率よく使って仕事の成果を上げるのか。このスキルを身に付けることで、短期間での成功に近づきます。

同じ時間を使っているのにタイトルが上がる人、上がらない人、収入が稼げる人、稼げない人が出てくる。その違いはなんなのか。それが時間の使い方です。もちろん、能力面の違いもありますが、時間の使い方も同じように問われる要素です。成功するかしないかは、時間の使い方で決まります。

では、成功者はどのように時間を使っているのでしょう。

実は、そこには必ず一定の習慣が存在しています。つまり、その習慣、成功習慣をあなたが同じように身に付ければ、成功に近づけることになります。

当たり前のことに聞こえるかもしれませんが、時間はつくらないとつくれないものです。そして、正しい時間の使い方を覚えましょう。

人は平等に24時間を与えられています。それなのに成功する人としない人がいる。副業で限られた時間を投資して成功する人、しない人がいる。同じ時間、勉強しても三流大学にしか行けない人もいれば東大に行く人もいます。

では、どうすれば時間に関する成功習慣を身に付けることができるのか。

まず成功者の時間の使い方を真似していくのが一番いいのです。これが圧倒的に良い方法なのです。我々のようにネットワークビジネスで成果を出したかったら、ネットワークビジネスの成功者、アップと時間を共有して、その習慣を身に付けるのが最適な方法です。

よく私は時間の使い方に関し、このような話をします。時間の使い方はアップ8にダウン2。時間が10あったら8割はアップと過ごすようにするということです。

私が初めてこの業界に入って、この8対2の話を聞いた時には、とても矛盾を感じました。アップと時間共有ばかりしていたら、いつまでたってもダウンのグループと時間共有ができない。いったい自分はいつ営業するんだ、と。今思えば、それは間違いでした。やはり、アップ8、ダウン2で正解だと今は感じています。

それはなぜか。結局、成功するためには自分自身が変わらないとダメなのです。変わっているつもりでも、変わっていないから今の自分のままだということです。

それを自分で気づいていていない。つまり、成功習慣でなく、失敗習慣の中で生きているのに気づいていないわけです。だから、ずっと同じ位置にいる。成功習慣を持ったアップとの時間共有は、この何より大切な「自分を変える」ための、最も有効な方法でもあるのです。

そして、もう一つ大切なのは、ネットワークビジネスが団体戦であるという点です。ネットワークビジネスは自分一人でやる、個人戦ではありません。アップとの時間共有をしないといけないし、グループとの時間も共有しないといけない。それをどうすれば効率よく共有できるのか。答えは「みんな一緒にやればいい」ということです。

そのためにはセミナーやイベントを活用することが大切です。セミナーだったらアップとの時間共有も図れるし、グループとの時間共有も同時に図れます。アップのいい話を聞きながら、グループとの時間共有を図ることができるわけです。

もちろんセミナーといっても、私はネットを活用したネットワークビジネスを推奨《すいしょう》していますから、それはネット上で構いません。Ｗｅｂセミナーでもいいでしょう。アップと時間共有をして、アップのパワーを借りてグループとの時間共有を図る。これが「みんな一緒にやればいい」という意味です。

タイムマネジメントに必要な自己管理能力

タイムマネジメントで欠かせないのが自己管理、セルフマネジメント能力を磨くことです。そのためには自己管理を頭の中でイメージするだけではなく、「手帳を使う」といった方法で文章にしていくのも一つの方法です。

みなさんは手帳を使っていますか？　私は手帳をずっと使っていました。現在はＷｅｂでタスク管理するようになりましたが、そこに至るまでは、毎日手帳に予定を細かく書くようにしていました。

予定を手帳に書き出すということは、自分を客観視するということです。これによって、たくさん予定が入った時でも優先順位を決められます。優先順位を決めるにあたって、私は次の４つの分類をしています。

1. 緊急性も高く重要性も高い
2. 緊急性が低く重要性が高い
3. 重要性が低く緊急性が高い
4. 重要性も低く緊急性も低い

1. の「緊急性も高く重要性も高い」事案。これは一番重要です。優先するしかありません。何をおいても行わなければなりません。

4. の「重要性も低く緊急性も低い」事案。たとえば友達の遊びの誘い。これは仕事の面から見れば4. です。ネットワークビジネスでは「あとでアポになれば」という要素もあるのですが、ネットを活用したネットMLMでは、友達と遊びに行ってアポを取るのは、非効率です。

迷うのは2. と3. です。

予定の優先順位

緊急性・重要性

①：緊急性も高く、重要性も高い

②：緊急性が低く、重要性が高い

③：重要性が低く、緊急性が高い

④：重要性も低く、緊急性も低い

2.は、緊急性が低く重要性が高い
3.は、重要性が低く緊急性が高い
普通の方はだいたいこの3.の「重要性が低く緊急性が高い」事柄を優先してしまうことが多いようです。重要ではないけど、今日とにかく来て！　というような事柄です。そこで時間をとられてしまっています。

そして2.の「緊急性が低く重要性が高い」事案。たとえば司会の勉強なども、これに当たるかもしれません。緊急性は低いけれど、将来確実に必要なもの。自分自身のスキルアップなどもこの2.です。緊急性はないが、長期的には絶対に必要な事柄です。

要は2.をどうとらえるかがタイムマネジメントの要《かなめ》となります。忘れてはいけないのは、2.をしっかり行っておくと、1.にならないということです。
2.を放置するから1.に移転する。放置することで、時間がたち、成長が即座に求められたりすることになります。
司会の勉強をずっと先延ばしにしていたら、明日しゃべらなくてはいけないことになった。そんな重要で緊急な事案となってしまいます。

普段の準備を怠るから、1.が増えてくるということです。

当たり前の話ですが、自分の能力を10倍磨けば、10倍速く成功できる。ここで重要なのは決断です。決断とは決めて断つことです。では、何を決めて何を断つのかということです。この場合、断つのは過去です。未来を決めて過去を断つのが正解です。そして、断つのは、無駄な時間を使い続けてきた過去の失敗習慣です。

ですから断る勇気を持ちましょう。3.の「重要性が低く緊急性が高い」事柄。プライベートの誘いなどです。断ると友達をなくすのではと思うかもしれません。しかし、それは一時のことです。一時の苦労で未来ずっと幸せになれるのですから、ここは優先順位を下げてもいいのではないでしょうか。

何が大切なのかではなく、優先順位の問題です。今は自分の未来のために時間を使って、未来は今の楽しみのため使えばいい、それだけの話です。

未来のためでなく、今のためを優先すれば、ずっと未来が暗いままです。未来を変えるために今があるのです。

今、何をすべきか、それを手帳に書いて、できればアップラインや成功者に見てもらうのがいいでしょう。自分の時間管理が正しいのかどうかを確認してもらい、間違いは修正していきましょう。

正しい時間管理を覚えて、自分の時間の使い方を成功習慣に変えると、必ず成功が待っています。

正しい時間の使い方とは？

私は寝る前に、翌日の時間管理をしっかり行うようにしています。スケジュールは前もって出されるので、再度寝る前に、本当にその予定でいいのか、ベストを尽くせているのか、無駄がないか、スキマ時間に何をすればいいのかを確認します。

大切なのは、1日1日の積み重ねです。常に100％、120％の努力をずっと繰り返していくことで、気がつくと成功していると私はそう思っています。だから常に無駄のない動きを意識する必要があります。

ただ、予定は必ず正確に実行されるとは限りません。交通機関の乱れによって時間が前後することや、相手のドタキャンも起こります。あるいは予定が早く終了し、急に時間ができたということもあるでしょう。

この時の動きがとても大切なのです。このようなスキマ時間を無駄にしないことは、とても重要です。

私はパソコンを常に利用していますが、動画編集などをすると、データが重く、ＰＣが動かなくなります。ですから明らかにパソコンを長期間触れない時は、動画編集の仕事をセットすることで、ＰＣが稼働していない時間をなくすようにしています。

よく私は「ながら」と表現しますが、とにかく通勤も含めて常に何かに24時間稼働できる状況をつくっています。

常に計画を立て、「ながら」ができる時は「ながら」をする。

うまくいかない人の傾向を見ていると、すぐに脱線してしまう人が本当に多いと思います。自宅にいたら、仕事をしていても、いろいろな声が入ってきます。笑い声が聞こえたら、「何を笑っているのかな?」と考えます。そして、つい脱線する。でも家にいるのだから仕方ない、と思ったりもしますが、「仕方ない」は「成功しない」ということと同じです。

仕方ないという考え方は、成功を遅らせてしまう原因でしかありません。脱線することは、単純に成功が遠くなるだけです。

もしどうしても脱線してしまうのなら、どうしたら脱線しないかを考えるべきでしょう。家族の理解も必要だと思います。とにかく脱線癖がついている人は、脱線しない環境づくりが絶対に必要です。

成功しない人は無駄なインターバルが多い傾向があります。喫煙者は、有意義な時間をタバコのために使ってしまっています。

睡眠時間も一緒です。朝1時間早く起きるだけで、あなたの可能性は本当に大きく変わります。たとえば、本業をやりつつダブルワークをしている場合、あなたはその副業のためにどのくらい時間を投資できていますか？　1日1時間使っていますか？　集中できる時間を1日どれだけ確保できていますか？

それを考えたら、朝の1時間は本当に大きい。つまり朝1時間早く起きるだけでも、成功の確率はぐんと上がることになります。そんなちょっとしたことが、実は成功を大きく左右しています。

そして、目的を持って時間を使うことも大切です。

たとえば、フェイスブック。これも明確な目的を持ってやらないと、せっかく時間を費やしても無駄になってしまいます。

人の投稿ばかり見ていて、何かをやっている気持ちになっている人が非常に多い。しかし、実際はどうでしょう。人のフェイスブックを見たら成功するのでしょうか。目的なしでフェイスブックを見ることは、ただの時間の浪費です。

同じ時間を使うのなら少しでも効率良くすることを意識しましょう。そのための苦労、工夫がきちんとできているかだと思います。

このビジネスは「時間の投資」＝「成功」ではありません。正確には「正しい時間の投資」＝「成功」です。正しい時間の投資が成功の確率を上げていきます。

当然ですが正しくない時間の投資は、逆効果となります。ですから効率良く時間を使うことを意識しなくてはいけません。

1年かかるものをどうやったら3か月で達成できるか。1年後に100万円欲しいと思ったら、さらに踏み込んで、どうやったら3か月で100万円稼げるようになるかを考えるということです。

そのためには、今まで使っていなかった知恵を出すために頭を使わなければいけません。「来月30万円、必要だ」ということがあったとします。この程度の金額だったら、「まあ本業の給料でなんとかするか」と考えて、頭を使わずに普通に働こうと考えることでしょう。しかし、「来月3、000万、必要」となったらどうですか。絶対本業で、なんとかしようとは思いませんん。その時、本当に3、000万円を用意しないといけないのなら、必死に頭を使うはずです。

実はその時に使う頭が、成功を生み出す頭なのです。あまり無茶な目標値ではダメですが、一定の時間に対して適度な「高い」目標を立てていかないと、なかなか頭を使う機会もありません。これまでどおり、いつもどおりの自分で過ごし、結局だらだらと時間が過ぎてしまうことになるのです。

目標を決め、期限を決めることは、時間の無駄をなくします。何も無茶な目標を立てて欲しいわけではありません。明らかに無理な目標では、逆に思考が止まってしまいます。

本当に届くか届かないかわからないが、頑張ったら届きそうな目標を期限を決めて立てることで、あなたの頭の働き、そして行動もまったく違ったものになるはずです。

グループにおける時間管理

ネットワークビジネスは個人でやるビジネスはなく、団体戦、チームワークでやっていくビジネスだと言いました。ですから自分の時間管理は大事ですが、グループの時間管理も同じくらい重要なものとなってきます。

どうすればグループ全体、組織が無駄のない動きができるのか。最も効果的なのは、あなた自身が、自分の背中を見せるリーダーになること、これがベストです。つまり、グループのメンバーに対して、「自分のように動けばうまくいく」と言える自分になることです。

そのためには、自分の予定をグループのメンバーに公開できるくらいになるのが理想です。グループに見せるからには変な予定は許されません。もちろん、ガラガラな予定など論外です。グループのメンバーがいない時も、いつもグループから見られているという気持ちで行動し、目標となるような動きになれば最高だと思います。

自分はやっていないが、グループにやれと言うのではまったく説得力がありません。

そして次の段階では、どんどんグループのメンバーに仕事を任せていくことも大切です。団体戦ですから、仕事を任せなければビジネスは広がっていきません。ただ、その際、とても重要になるのが「報連相」。つまり「報告、連絡、相談」です。

「報連相」さえしっかり行っていれば、活動が空回りするのも、無駄な時間を使ってしまうことも防止することができます。しかし、グループのフローレベル、風通しが悪いと、この「報連相」が上がってこないということが起こります。そんな状態では、アップからの情報伝達もグループになかなか落ちていきません。風通しが悪くなると、マイナスの連鎖《れんさ》が起こり、極端ではなく、組織は一夜にして崩壊することもあります。

ですから、日々のフローレベルを上げていくこと。アップが情報伝達したら一夜にしてグループ全体に情報が流れていく。グループ間でのトラブルがあれば、アップのもとにすぐに「報連相」が上がっていく。そういう組織をつくらないと、グループの時間活用も難しくなってしまいます。

「報連相」が不足しているグループの多くは、モチベーションも低下してしまいます。日々の「報連相」を徹底することで、グループの有効な時間管理は飛躍的に向上するはずです。

フローレベルを上げる

前項でも述べましたが「フローレベル」とは、風通しのことを言います。たとえば、会社が新商品を出すといった場合、キャンペーンなどの情報がいち早くみなさんの耳にまで届くかは、風通しの良さ、このフローレベルにかかっています。

ネットワークビジネスにおいては、アップラインからあなたに向けて情報が伝達されます。その情報が、いち早く届くかどうかです。

フローレベルが高いと、日々みなさんがやりとりしていて、いち早く情報が落ちてきやすくなります。逆にフローレベルが低いと、みなさんの存在さえもトップリーダーからしたら、「誰?」といった状態になってしまいます。

日々やりとりをする習慣もない、加えてアップラインの誰かが情報を止めてしまうようなことが起きれば、あなたのところには情報が落ちてきません。

ネットワークビジネスは、情報を持っている人が、持ってない人に伝えていくことでビジネスが展開されていきますから、情報が命です。

「キャンペーンが明日からスタート」といった情報が入ってくるのが遅ければ、タイミングの波に乗り遅れます。

そうならないためにも、情報のフローレベルをよくしていくということが重要であり、日々の「報連相」やアップラインとのコミュニケーションが問われるのです。

組織が少ないうちはまだよいのですが、数が100人、1、000人、10、000人となってきた時、情報は中間リーダーを介して伝わっていきます。なので誰かが非アクティブな活動してると、その系列には情報が届かなくなります。そうなれば、その系列がまるごと機会を損失してしまいます。モチベーションを上げるための全体キャンペーンをやっているのに、その波に乗り遅れる人が続出する事態にもなりかねません。

風通しが良ければ、良いことばかりではなく、悪いことも全部あなたのところに情報が入っていきます。逆にそうなれば問題が起こっても、いち早くを対応することができるようにもなります。

掛け持ちネットワークビジネスについて

掛け持ちネットワークビジネス、つまり複数のネットワークビジネスを行うことについてお話ししておきたいと思います。

この掛け持ちネットワークビジネスについては、メリットとデメリットの賛否両論があります。

メリットとして言われているのは、つぶしがきくという点です。一つのネットワークビジネスがつぶれても、他でもやっているから大丈夫という安心感。それに会社が変わればメンターも変わるから、成長のきっかけもある。そんな考えもあると思います。

一方、掛け持ちには、デメリットもあります。一番大きいのは、グループが迷うという点です。信用しているアップラインが、違うネットワークの勧誘をしているようなことがあったら、気持ち良く信用することができなくなります。

そもそもネットワークビジネスは信用で成り立っています。その一番大切な信用を、掛け持ちすることで失うことになります。

さらにこうした姿勢はそのままグループ全体に広がっていきます。鏡の法則でグループのメンバーが真似をします。すると、次々に連鎖が起こり、収拾がつかないことにもなってしまいます。当然、情報漏洩《ろうえい》も起こるでしょう。

こうしたデメリットを考えると、私は掛け持ちネットワークビジネスはお勧めしません。

最近のネットワークビジネスには、権利収入で稼ぐタイプと、一時の投資感覚、ギャンブル感覚で行うものと、大きく2つの傾向が存在しています。

初めにお金を一定額支払ったら紹介ゼロでも組織ができるような、わけのわからないネットワークビジネスもあります。もちろん、99％詐欺ですが、早めに仕掛けて短期間で稼いで逃げることができるケースも存在します。

とくにコイン型のネットワークビジネスなどは、すでにかなりの被害者を生んでいて、実際、こうした投機性の高いネットワークビジネスを掛け持ちして、大きな被害にあった例を私は何度も目撃しています。

私はあなたに10年後もきちんと権利収入を得ていて欲しいと考えています。そのためには、一つのところで頑張っているあなたの背中をまわりに見せていくことが大切だと思います。

1年頑張ってもタイトルが上がらない人の共通点

1年たってもタイトルが上がらない人には、いくつかの共通点があります。

まずあげられるのは素直ではない、という点です。さまざまなメッセージをアップラインの人や成功者からもらっているにもかかわらず、タイトルが上がらない人は、それが行動に移せていません。自分の考え方みたいなものがあり、それが邪魔をして素直になりきれず、自己流で走ってしまう人がとても多いようです。

そのような人は、グループを持っていたとしても、グループを自己流のスタイルで囲い込んでしまいます。

そして、自分一人でやり過ぎてしまうという部分もあるようです。自分の能力を過信していたり、アップラインに過剰に気をつかってしまったりすることもあるようです。

しかし、自己流でやっていても、何もいいことはありません。アップラインや成功者のメッセージを素直にグループに伝達し、そのうえでみんなに役割分担を行っていくことが、ベストです。

そもそもネットワークビジネスでは、必要以上に誰かが仕事をする必要はありません。このビジネスではホイラーの法則（※1）に則《のっと》って、新規営業とセミナーとミーティングが行われています。ですから、その間であなたが自己流スタイルで仕事を抱え込むと、せっかくの連鎖を断ち切ることになりますし、人も育ちません。

ですから成功したいのなら、素直にアップラインのパワーを借りることが大切です。アップラインはタイトルが上がった人です。上がったのには理由があります。

1年以上タイトルが上がらず止まっている人は、素直に上がっている人のパワーをどれだけグループに対し注入できるかだけを意識してみましょう。

そもそもタイトルが上がっていない人は、他の人に成功のイメージを伝えることはできません。たとえ成功を語っても、グループのメンバーにはわかってしまいます。ですから、自分よりも能力のある人の顔をいかに借りるかを常に意識することです。

アップラインにとってメンバーは、あなたも含め大事なグループです。頼ってもらうことに関しても、もちろん責任を感じてしっかり対応します。

うまくいかない人は、素直でなく、空回りしている人です。空回りしている人は、何かを間違えています。簡単に言えば、問題解決の仕方を間違えています。そして、もっとも怖いのは、それに対して自覚症状がないことです。自覚症状がないから、ずっと空回りし続けてしまいます。それが正しいと思っているから、「めちゃくちゃ頑張ってるのになんで全然変わらないのだろう?」と考えています。そして自分以外のせいにしたいから、「会社がおかしいんじゃないか?」と考えたりもします。

そして人に任せず自分でやりたがる人は、「自分はできるけど、グループができていないから悪い」と考えます。その結果、グループのせいにしてしまったり、時にはグループに対して文句を言ったりします。

たしかに教育は必要です。しかし、普段からコミュニケーションが取れていない相手からしてみれば、「なんで上司でもないのに、こんなことを言われるのか?」と思うに違いありません。

ネットワークビジネスではアップ、ダウンという構造はありますが、もともとは対等な関係です。それはネットワークの世界の先輩と後輩みたいなものです。そこに信頼にもとづいた上司、部下とも言える関係性をつくっていく仕事です。

これは自分のダウンに関しても、アップに関しても同様です。その関係を築いた上で、自分もアップからどんどん指摘を受けることが重要です。

この仕事で最も大切なのは、自分が変わることです。正しいことを教えてもらわないと変われないし、そのきっかけは、多くの場合、アップが与えてくれます。

今までの自分が変わるからこそ未来があります。しかし、変わらないとダメなのはわかっているけど何を変えたらいいかわからない。だからアップや成功者の方に、時には叱ってもらうくらいの気持ちで、本当のことを言ってもらう必要があるのです。そして、それを素直に受け取ることが大切です。

もしみなさんがうまくいっていないのだったら、アップの方に、「今日は覚悟をしています。今の自分に至らないところはなんですか？　正直に言ってくれたほうが、自分と自分のダウンラインのためなので、ズバッと言

上手くいかない人は…

- 空回りしてしまっている
- 頑張れていない
- 傷を舐め合って負のスパイラルに陥っている

内面的な部分をきっちり意識しましょう

って下さい」と言える人が変われる人です。

自分で気づくのが良いですが、気づかない場合は、気づくきっかけが必要なわけです。あなたが素直になれず、心のどこかでブロックがかかっていたら、アップラインや成功者も、本音でものが言えません。

グループの動きが鈍いことも、あなた自身が変われないことも、すべては自身が原因をつくっているということに気づいてください。

たとえば、グループが思ったように頑張れないのにも理由があります。それはメンバーが頑張る環境を提供できていない。気づくためのきっかけづくりをしていないあなたの行動が原因です。グループ内の言葉づかいが悪くなったり、人間関係がこじれたりするのも、原因は全部あなたがつくっています。

最初は良好な関係だったのに、いつのまにか、なあなあの関係になってしまったりする。その原因は、あなたの言葉づかいが「タメ口」でしゃべってしまっていたりすることなのですが、あなた自身は、まったくそのことに気づいていないのです。しかも、親切にそれを指摘されても、「自分のポリシーですから」みたいなことを言う。

たとえ、どれだけ親しい相手だったとしても、ビジネスの世界ではしっかりと敬語を使って話す。相手がアップや成功者だったら、なおさらのこと。そんな当たり前のこともできず、指摘されても修正もしない。そのあなたの態度は瞬く間にグループ全体に感染し、あなたの言葉は届かなくなり、あなたは誰からも信頼されなくなるのです。

大切なのは、自分一人では変われないことに、まず気づくことです。あなた自身の力で変われるのだったら、とっくに変わっています。だから、1年たっても変わらない人は、自分が変わるために、アップの人たちにきっかけをもらわなければならないのです。

うまくいかない人というのは、空回りしているのです。その結果、頑張っているように見えていても、実は頑張っていない。

SNSでメッセージを1日30件50件と送ったとしましょう。それを自分の中で、頑張っていると勘違いするのです。実際に成功している人は、送る件数が300、500だったりするのです。自分の量が圧倒的に足りていないことは、自分では気づくことはできません。

ネットワークビジネスの世界でも、最後は成果主義です。頑張っています、時間をたくさんかけていますでは、誰も評価してくれません。頑張っているつもりになっているだけで、頑張り方が甘い人は、頑張る方向が間違っています。だから、1年たってもタイトルが変わらないのです。

基本的には毎月1タイトル、アップすることを意識して、1タイトルずつ上がっていくのが、当たり前だと思えるようになって欲しいです。

そして、感謝の気持ちを持って、さまざまなことを教えてもらえるような自分自身の環境づくり、時間づくりができているかを常に意識してください。

いろいろなことを伝えるということは、アップラインにすればあなたに時間を投資するということです。時間を投資してもらうことは当たり前のことではありません。だから、感謝の気持ちを持って、素直な自分をつくってください。

※1 ホイラーの法則

20世紀半ばにアメリカで大活躍した歴史的な営業講師、ホイラーが提唱した営業で重要な5つの公式。

1 ステーキを売るな、シズルを売れ：お客様が商品を欲しい理由（シズル）を訴求すること

2 手紙を書くな、電報を打て：要点をしぼって少ない言葉でお客様の好意をつかむこと

3 花を添えて言え：伝えたいことを裏づけるものを見せろ

4 もしもと聞くな、どちらと聞け：買うか買わないかではなく、買うならどれを買うかの選択をさせること

5 吠え声に気をつけよ：売る側の声だけで多くが伝わるので、声やしゃべるトーンに気をつけろ。

聞き上手になって成功する

「3分33秒の法則」をご存じでしょうか。初めの3秒でおおよその印象が決まり、挨拶などに30秒、残り3分の世間話や雑談でその人のイメージが定着するという法則です。

初めの印象付けは非常に重要です。ネットワークビジネスの世界で言えば、あなたがアップラインと会う時、「ぜひお会いしたかったんです」「お会いできてうれしいです」といった気持ちを伝えるのは、とても大切なことです。

多くの人は、成功者からさまざまな成功の法則を聞きたいと考えています。教える側にしても、それを気持ち良く話したいという思いがあります。その時、気持ち良く話せるかどうかは、あなたの態度次第であるということです。

なぜ、こんな話をしたのか。実は「論外だな」と思う人をここ最近、多く見かけるようになってきたからです。

まず一番多いのは、話を聞く立場にもかかわらず、自分の話をぺらぺらとしゃべり続ける人です。空気が読めないということなのでしょうが、こんな人は論外です。

アップの人は基本的に、たくさんの組織を保有しています。そのため、なかなか一人ひとりから話を聞いたりするという時間が取れません。よって、時間が取れて人と会う機会には、いろいろ話してあげたいと思っています。それなのに、ずっと自分の話をする。聞くということをせずに、自分がしゃべるということに専念してしまう残念な人がいます。

当たり前のことですが、話を聞く立場の時は聞く、これはとても重要なことなのです。

実際、私の知る限り成功しない人のほとんどは、「自分はこうだと思います」と、自身の主張を繰り返す傾向が強いようです。しかし、成功者から見ればそんな人は、単にコミュニケーション能力が欠けている人と見えてしまいます。

そうなると当然のことですが、その人に対しての優先順位は下がります。成功者にとってあなたと話す時間というのは、あなたに時間という非常に大切なものを投資していることになります。同じ投資するならコミュニケーション能力があり、成果が期待できる人に対して投資したい。逆であれば、投資する優先順位は当然低くなります。ですから、成功者と会うチャンスを得た時には、聞くことに徹することが大切です。

成功者は、気持ち良くしゃべりたいと思っています。あなたと時間共有をして、あなたと会うことが気持ち良いと思ってくれたら、また時間をつくってくれます。

ですから、あなたは気持ちよくしゃべってもらうための、環境づくりを受け手としても考える必要があります。

次に聴き方の問題もあります。いかに成功者であっても、あなたの知らないことばかりを100%話すわけではありません。中にはあなたのすでに知っていることを話す場合もあります。

しかし、そんな話を聞いた時、「ああ、その話なら知っています」という反応をあなたがしたとしたら、どうでしょう。それ以上、話す気持ちはなくなります。

良い話を聞き出す秘訣は、話す側に、「これは知ってるかな?」と気をつかわせながら語らせるのではなく、たとえ知っていることであっ

あいうえおの法則

あ：「あ〜なるほど！」

い：「いい感じですね！」

う：「う〜ん、それはちょっと知らなかったです」

え：「え〜そうなんですか！」

お：「お〜！　感動します」

ても、知らないふりをして、「そうなんですね！」と相手に話をうながすことです。

話を聞くときは、きちんと聞き耳を立てて、しっかりうなずく、笑う、メモを取るというのが基本中の基本です。スマホをいじっているなどは論外です。

「あいうえおの法則」をみなさん耳にしたことはありますか。話を聞く時の姿勢とでも言えば、よいでしょうか。

あ＝あ～なるほど！

い＝いい感じですね！

う＝うーん、それはちょっと知らなかったです
え＝え～そうなんですか！

お＝お～！　感動します
やはり、話を聞く際、リアクションはとても重要です。大切なのは、話す相手を心地良くすることです。時には「オウム返し」をするのもよいでしょう。

「プロダクトローンチが大切です！」

「え？　そのプロダクトローンチというのはなんですか？」

要は成功者がしゃべった言葉に対し、その言葉を拾って質問し返すことで、言葉への興味を伝えられますし、より深い知識を身に付けたいという姿勢も伝えることができるのです。

質問力を上げろ

たとえば成功者と会った時に、何も普段から意識していないと、その貴重な時間を意味のわからない挨拶で浪費してしまうことになります。

成功者と長時間にわたって時間共有をすることはめったにありません。ですから、もし出会える時間を持つことができたら、そのチャンスを逃すことなく、本当に自分に必要なことを聞いておく必要があります。そして成功者との時間を本当に価値ある時間に替えていく必要があります。

そのためには普段から、自分にどんな知識が必要なのかをしっかり意識する必要がありますす。普段、現場で頑張っていて、うまくいかなかった時、失敗した時、成功者ならどう考えるのか。長期的なビジョンにおいて、自分にはまだ見えていない世界、そして成功者には実際に見えている景色について。こうしたことも成功者にしか教えてもらうことはできません。

このような形で普段からアンテナを張って、意識しておく必要があります。

そして、成功者との時間が持てた時にしっかりと聞くようにしましょう。


何も考えていない人は、懇親会で成功者の目の前に座っても、食事だけに夢中になったりします。また無口であったり、くだらない世間話ばかりしていたりと、残念な会話をする人がとても多いのです。

そういう姿を成功者も見ています。成功者はあなたからの質問であれば、しゃべりたくない話でも正直に答えてくれるはずです。なのにあなたの姿を見て、「次の機会はないな」と思ってしまいます。実際に会う会わないの前に、気持ちの面でもそんな人とは距離を置いていくことになるのです。その結果、あなたの成長も遅れることになります。

こうした基本的なことを知らずに、損をしている人が本当に多く存在しています。あなたはどうでしょう？　普段からぜひ、質問のレベルを高める意識を持ってください。

それも含めて、各リーダーさんへの質問の仕方や、内容をしっかり聞いて、みなさん自身が、質の高い質問を成功者と会った時にできるようにしましょう。

ライバルの重要性

私はライバルを持ったほうが、このビジネスはうまくいくと考えています。

私もライバルがいたから、頑張ってこられた部分があります。あなたも思い出してみてください。学校の勉強でも、仲良しの子が自分より点数が高かったら、なにくそと思ったりしませんでしたか？　次回は負けないように頑張ろうと思ったりしませんでしたか？

スポーツでも同じです。ライバル校があったら、そこには負けたくない。そのために厳しい練習をしようと思います。

また、相手のことが気になります。「あそこはとにかくチームワークがすごいらしい、気になるから観に行こう」となり、練習試合を見学し、もっとうまくなるためのきっかけをもらうのです。

要は比較対象がいるから、自分に足りないものに気づくことができます。あいつには負けたくない、あそこには負けたくないという思いが、努力するきっかけになります。

だから私も常々、ライバルを意識して頑張るようにしています。仮に相手が自分のことを知らなくてもかまいません。私は同じ年の人が、とても気になります。自分と一緒の年齢であるのに、同じ時期に参加したのに、自分の成果の倍どころか、何十倍も結果を出していたとしたら……なにくそとなりませんか？

人は変えないと変わらないのです。そして変わるにはきっかけが必要です。

ネットワークの仕事は、期限のない仕事です。だから、ついダラダラしてしまいます。

私は以前、最高タイトルになって海外で表彰されたことがありました。みんなが注目してくれて、多くの人が「自分も頑張ろう」と思ってもらえるきっかけになったと感じることができた良い経験です。

その時、たくさんの成功者と会い、相手は私のことなど知らなかったでしょうが、私は勝手にライバルだと思って、彼らにあって自分にないものは何なのかと必死に考えました。今も同じ思いを持っています。

あなたもライバルがいる場合は、自分との違いをピックアップしてその違いを埋めていきましょう。いない人はライバルをつくりましょう。自分自身が本当に燃えられるライバルです。この人には負けたくない。そして、そのための努力ができる自分をつくってください。

ナンパから学んだアポの取り方

私が10代で、まだビジネスをやっていなかった時のことです。お恥ずかしい話ですが、毎日ナンパをしていました。今はビジネスに向けている力を、すべてナンパにかけていたわけです。

大阪に京橋という駅があります。私はその駅前に毎日突っ立っていました。長い日だと5時間は立って、歩く女子に声をかけます。

初めは人を選んでいました。好みの子であるとか、あの人はいけそう、あの人はダメそう、と。そんなふうに考えて声をかけるのですが、なかなか良い返事はもらえません。それでも毎日足が棒になるまで声をかけると、2日にいっぺんとか3日にいっぺんぐらいの確率で、ちょっとデートを楽しめるようになりました。

そんなことを繰り返しているうちに、あることに気づいたのです。これって、私が「いけそう」「ダメそう」と思うことが重要ではなく、相手がどう思うかが重要なのじゃないかと。

ネットワークビジネスで言えば、この人はやるかな、この人はやらないかなと、こちらが勝手に決めてしまっていたわけです。決めるのは相手なのに。これも一つの気づきだったと思います。

そう気づいてからは、とにかく数をこなしました。相手に考えてもらえばよいのですから、まず分母を増やすことが大事だと思ったのです。恥も外聞もなく、手当たり次第に声をかける戦略に変えました。

その時、相当メンタルを鍛えられました。知らない人に声をかけるくらいのことは、もう別になんの抵抗もない。いくらでも声をかけられるようになりました。と同時に、ただ普通に声をかけてもダメだということも学びました。

普通に「何してるの?」と声をかけても、返事なんてほとんど返ってきません。だから、相手が興味を持つような、ちょっと変なことを言うようにしました。

後ろから肩をポンポンとたたいて「落ちてますよ」と。そうすると、「あ、すいません」となります。別に何も落ちていないのにです。それで今までできなかった会話が、とたんに成立するようになりました。

これは、ネットワークビジネスでアポを取ることにも通じます。アポを取る時に大切なのは本当に一言なのです。そこに大義があればいい。声をかける大義です。

アンケートを取るといった方法も有効です。別にアンケートの仕事をしているわけではありませんが、アンケートをつくって、「すいません、アンケートいいですか？」と声をかける。こうすれば話しかける大義がありますし、話しかけられる側にも答える大義が存在してくるのです。「アンケートを書くぐらいならいいわよ」と言ってもらえれば、コミュニケーションが自然に発生します。

つまり大義を意図的につくれば、自然にコミュニケーションが成立します。これはアポ取りにも同じことが言えます。

その時期、私はある人との出会いがあって、自身を超ナンパ師に変えることができました。とにかくその人は、目を見張るようなナンパをしていました。どれだけ厳しい環境下でもナンパを成功させていました。その人は私に多大なる勇気を与えてくれたのです。その人と一緒にいたら、いつでもナンパは成功できる。そんな気持ちにさせられました。

その人の存在は、私にとっていわゆるメンターでした。メンターと一緒に仕事をする。メンターと一緒にナンパに行くことがどれだけ大事なのかを痛感させられました。自分自身の過去のナンパのやり方を全否定してしまうくらい、その人のナンパの方法、ナンパに対する心構えはまったく違っていました。

その人は、言葉は悪いですが、決して雑誌で取り上げられるようなモテるタイプではありません。むしろ、見た目はブサイクに入る類《たぐ》いの人でした。失礼な話ですが、私は余計に自信を持ちました。こんな人にできるのだったら私にもできる、と。実際、目の前でナンパに成功するのですから、余計にそのように思いました。

それまで私は、ナンパとはとにかく声をかけることだと考えていました。とにかく自分から追いかけることばかりを考えていました。いわゆるプッシュ型ですね。とにかくプッシュあるのみ。しかし、その方はプッシュ型ではあるのですが、同時にプル型でもありました。

要は声をかけることはかけるのですが、自分からではなかったのです。最初に相手から声をかけられて、その返事として声をかけるというスタイルです。

保険の世界で言えば、こちらから「保険はいかがですか」とプッシュ型で押していくのと、無料の保険相談の店舗で待っていて、お客さんから、「すいません、保険を検討しているのですが」と言われる場合の違いです。後者の場合、向こうから言い出したのですから「ぜひ、あなたの今の保険を確認させてください」という話になります。これがプル型です。

相手から「来る」という状況をいかにつくることができるか。ナンパでいったら、自分から声をかけるのではなく、向こうから声をかけてくる。そんな状況をつくることができれば最高です。

「そんな都合のいいナンパなんかないよ」という声が聞こえてきそうですが、私のメンターはそれを可能にしていました。

何をやったのか。わかりやすい例で言うと、コスプレです。その人はいつも変な格好をしていました。本当に面白い格好です。その姿で街を歩くと、みんなに笑われます。笑いながら、時には、「何それ?」と話しかけてくる人がいるのです。

つまり、ナンパの超達人は相手から話しかけるきっかけを与えていたのです。面白いから声かけたんだよという、話しかける大義まで相手に与えているわけです。

しかも笑っている状態ですから、心のシャッターも開いています。そんな状況で2手、3手、4手と、ドン・キホーテや東急ハンズで売ってそうな面白グッズを大量に持ち出して、相手のハートを鷲《わし》づかみして、そこから仲良くなっていました。

これはアポに置き換えても同じです。要は向こうから声をかけてもらえればいい。自分からかけるのではなく、かけられるように。目の前の人とアポを取るにしても、相手が気になるワードをこちらから言い出せば、「私を勧誘でもする気?」と警戒されてしまいます。だったら逆に、あなたにはしゃべる気はなかったが、偶然でしゃべったという状況をつくればいいわけです。

たとえば、相手が興味を持っているワードがあるとしたら、あなたは目の前で電話をし、その時に、相手が聞きたくなるようなワードを電話越しにしゃべるのです。一人芝居でもいいし、誰か相手役を仕込んで、その人にしゃべる形でもいい。そうすると、その人の耳に嫌でもワードが届きます。それも偶然に。

すると、電話を切ったあと、どうなりますか？「何？今の電話」となりませんか。

要は相手に、伝えたいメッセージを偶然に伝えてしまった、という状況をつくってしまえばあなたの勝ちです。

ダイレクトにできないのだったら、間接的に伝えればいい。間接的なのを装って、ダイレクトに伝えればいいということです。

アポ取りに悩んでいるのなら、ぜひこの「偶然をつくる」という考え方を取り入れてみてはいかがでしょう。

夢を描け。笑われてもいい、でっかい夢を語れ

「でっかい夢を語れ」。これはスティーブ・ジョブズが口にしていた言葉で、私の大好きな言葉です。ネットワークビジネスの世界でも、目標設定をしなさい、夢リストをつくりなさい、と初めに必ず言われると思います。

なぜこのような作業が必要なのか。それは、まずビジネスをやるための動機を明確にしないと、これからたくさんの苦難の道を乗り越える時に、走り切ることができないからです。

夢はガソリンです。夢を明確にしたら、その夢を人に語ってください。別に笑われてもいいから、とにかく大きな夢を語っていくことが大切です。

ネットワークビジネスは人を巻き込む仕事です。しかし、成功していない今のあなたが、人を巻き込むのは大変難しいことです。

人を巻き込むということは、「私みたいになりたくないか？」ということです。今はまだ

普通なんだけど、という状態で人を巻き込むことはできません。

それなら、今の自分ではなく、未来の自分で人を巻き込んでいきましょう。

未来に私はこうなる。ああなる。こうする、と。自分の未来をどんどん語っていって、自分だけではなく、あなたも一緒に上っていかないかと巻き込んでいく。その夢が大きければ、人はそれに乗ってみたいと感じるものです。

夢は大きければ大きいほどいい。そこで語る夢が、あなたにとって、とても高い目標であったとしても、相手にとってすでに達成しているようなことであったら、巻き込むことはできません。だから、大きな目標を持ちましょう。相手が自分より目上の人であっても、それ以上の目標を持って、それ以上のビジョンを持って、それ以上の夢を持って人を巻き込んでいくということを常に意識しましょう。

時には笑われてもいい。みんながみんな、同じ夢を持ってるわけでもないし、自分の人生は自分が主役です。

夢をリストに書き、ビジョンマップをつくって、自分が普段生活をしている部屋に画像でも写真でも言葉でもいい、努力目標となるようなものをいっぱい貼ってください。

それを繰り返し見ることで、どんどん自分の頭の中に刷り込んでいきましょう。それを大きな声で人に語って、人を巻き込んでいってください。

「愛」の力で組織をつくる

組織を大きくしていくためには、「愛」という成分が必要です。

これは今、会社組織にいて部下を持っていたり、何かしら組織を有する方ならわかると思います。

この場合の「愛」とは、もちろん恋愛感情の愛ではなく、異性だけではなく同性にも通じる愛というものです。

ネットワークビジネスは、初めからいきなり全員が常に稼げるわけではありません。初めてこの世界に入る人もいます。そのような組織を統率していく中で、たとえ今すぐに稼げなくともあなたの組織に入りたいと思ってもらえる組織をつくることが必要です。

そのためには、ビジネスチャンス以外にも、仲間意識や成長への意欲といった要素を強くしていく必要があります。

より結束の固いチームをつくっていこうと思うと、そこにはアップがダウンのことを思い、ダウンがアップのことを思う「愛」の成分が必要になるのです。

私はいつもグループのことを家族だと表現しています。誰が欠けても嫌ですし、みんなの成功を心底から思うように心がけています。

私は偽善で言っているわけではありません。ひとたび私のことをビジネスパートナーとしてグループの方が認めてくれた場合は、私はその方を全力で応援するようにしています。

もちろん、私自身がグループの方に認めてもらえるような努力も日々しています。そのためには、グループのことを常に考える習慣を身に付けて、自分の立場ではなくグループの立場に立って、より良い環境、より稼げるような、この仲間といたいと思ってもらえるようなチームづくり、環境づくりを心がけています。

組織のために媚《こ》びる必要はありませんし、中途半端な優しさはいりませんが、思いやりをもって、そのグループの成功のために何ができるかを考え、実践していく。あなたのそうした行動や思いや情熱が、すぐではないにしても、いつか必ず返ってきます。

あなたが普段からまわりの人にいろいろな応援、協力をすることが、めぐりめぐって最後は、グループやアップライン、他系列からも応援してもらえる自分となって戻ってくるのです。

そうなるために、普段からあなたが意識しないといけないのは、自分が人のために何ができるかということです。「愛」をもって、相手が本当に求めている、理想のライフスタイルや夢を自己実現できるように応援する自分であることです。

私は一生涯を共にする仲間をつくりたいと思っています。権利収入というのは、一時的なものでは権利収入とは言いません。継続して権利収入を得ようとすれば、それは生涯を共にする仲間をつくることを意味しています。

生涯の仲間とは、どういうことなのか。メンバーは完璧ではありません。全員が利口であるわけでもありません。初めは苦労するし、ひょっとしたら人間的にダメな方もいるかもしれません。

しかし、このビジネスを通じて変わっていき、成長、成功する人も多くいます。そうしたきっかけになる自分になりたい。その「愛」の熱量がビジネスを成功に変えていくものだと私は信じています。

問題解決の方法を身に付ける

ネットワークビジネスの活動をしていく中で、さまざまなトラブルに巻き込まれることもあります。タイトルを目指せば目指すほど多くの壁が存在します。何度も友達に断られる。組織ができすぎてリーダーの育成が間に合わない。自分の時間がまったく足りない、などです。そもそも自分自身の能力がまだまだ至らない部分を抱えながら、その壁を乗り越え、成功を目指して頑張っていく。ネットワークビジネスとはそういったビジネスなのです。

ただ、壁はあなたにだけに存在しているわけではありません。誰にでも存在します。つまり、壁に突き当たるのは決まっていること、起こるべくして起こることなのです。

そんな時にリーダーの心構えとして必要なのは、どんな壁も絶対に乗り越えられると信じること。そして、乗り越えられない壁はないと確信することです。

小学生に向かって、「1億円持ってこい！」などと無茶苦茶なことを言う人はまずいません。

基本的に、今みなさんの前にある壁は、すべて乗り越えられる壁なのです。しかし、自分の能力が足りず、解決できない事態は起こり得ます。

ネットワークビジネスの仕事は、情報伝達ビジネスです。しかし、なかなか相手に伝わらないことがあります。伝わらない理由を突きつめると、結局、最後は誰から聞いたか、つまり伝えてくれる人が、誰であるのかが大きな判断基準となります。

情報を伝えてくれる人から成功のイメージがわかないと、たとえ1時間、2時間しゃべったところで何も伝わりません。逆に成功している人から「このビジネスいいよ！」と言われたら、どんな内容もすっと相手の身体の中に入って、情報が伝わっていくものです。

それなら、自分が力をつけるまでは、人に情報を伝えるためにまわりの力を借りて、自分はBの立場でしっかりと段取りを組み、なぜCに情報がうまく伝わらないか、という問題の解決に取り組むべきです。

実はみなさんが初めて経験する壁、越えられないのではないかと思えるような壁も、ほとんどは私から見ればこれまでにあった問題ばかりで、初めから想定しているようなものばかりです。ですから、解決方法も存在しています。あとは正しい対応方法をきちんと学び、自分の技術として身に付ければ、どんな壁が訪れても、正しい道に導くリーダーになれるのです。

ロールプレイングの重要性

「ロールプレイング」はネットワークビジネスにおいてとても大切な活動です。私は初めてこの名称を聞いた時、「何かのゲームなのかな」と思いました。

ネットワークビジネスの世界でいうロールプレイングとはAさん役、Bさん役、Cさん役を決めて、実際に練習するものです。

たとえば、Bさんは興味付けやアポイントを担当する役。Cさんは勧誘される側でBさんの質問に答える役です。Cさんはよくある質問をBさんにしてみるなど、二人で掛け合いをし、交互に繰り返すのです。

またパターンを変えて、今度はAさんの役の人がプレゼンテーションを行ったり、Bさんの役がCさんにプッシュをしたり、Cさん役の方からもよくある質問をして、どんな質問でも対応できるAさん、Bさんを育成していきます。

ネットワークビジネスの世界では、実はよほどのことがないかぎり、「よくある質問」しか返ってきません。

これに対して、そのつど答えを考えるのではなく、反射的に答えていくためにもこれは非常に大切な訓練となります。

アップの人たちであれば、何を言われても過去の経験に基づいて回答することもできますが、経験値が足りない場合、なかなか答えられず、相手を不安にさせてしまう場合があります。

逆にロールプレイングを繰り返し、「よくある質問」と回答に慣れておけば、Aさんも Bさんも自信満々になるので、相手にも「ひょっとしたらこれは、すごいビジネスかもしれない」という印象を持ってもらうこともで

ロールプレイングのイメージ

何度も繰り返し行い、
質問にスグ答えられるように練習します

きます。

とにかく、実地以外の場面でも経験値を積み上げ、自信をつける。ロールプレイングには、そのような効果があります。


また常にグループ間でロールプレイングを行っていくと、自己の能力を高めるとともに、現場での成約率、いわゆるアポイントを取れる確率を引き上げていこう、という意識をグループ全体に形成していくこともできます。

初めはリーダーも面倒くさいな、と思うかもしれません。しかし、リーダーが率先し、グループを巻き込み、ともにロールプレイング大会を行って、グループ全体がどんなケースにでも対応できる組織となれば最高です。

組織力を高めていけば、結果としてそれは権利収入につながっていきます。

感謝、誠実、謙虚の心を持つ

感謝、誠実、謙虚な心を持つことはネットワークビジネスにおいて忘れてはいけない部分です。ネットワークビジネスは夢の権利収入生活を狙っています。コミュニケーションで成り立ったビジネスにおいて、人一倍稼ごうというものです。ですから、人に対しての心のもちようも、人一倍意識する必要があります。

まず感謝の気持ちをもちましょう。

ネットワークは一馬力ではなく多馬力、個人戦ではなく団体戦です。必ず誰かに支えられての自分であり、夢の権利収入生活はグループがいるからこそ成り立ちます。グループに仕事を委託してリレーションさせていくビジネスですから、いろいろな人があなたのために働くことになります。

この時に、あなたが「ありがとう」という感謝の気持ちをしっかり述べられるかどうかが重要です。普段からグループ内に仕事を振る際は、必ず「ありがとう」という気持ちを伝えます。誰かが何かを手伝ってくれたら「ありがとう」です。

仮に勝手に相手がやってくれたとしても「ありがとう」を忘れずに伝えます。とにかく、「ありがとう」です。「ありがとう」を言いすぎて、嫌になる相手はいません。

しかし、中にはできていない人がいます。何をやってもらっても何も言わない。感謝の言葉どころか、当たり前だと思っている。そんな勘違いをしていたら、二度とこの人のために仕事をするか、と不快な思いをしてしまう人もいると思います。ですから、しっかり「ありがとう」という気持ちを普段から伝える習慣を身に付けてください。しかも、ただ言うだけではなく、きちんと気持ちをもって伝えてください。

2つ目は誠実な心を持つということです。

たくさんの人とビジネスをしていく中で、さまざまな約束事が生まれます。簡単な話なら、時間を守るとか、何か頼まれごとをしたら、しっかりそれを全うするとか、当たり前の誠実さを持っていることが大切です。

間違っても嘘をついてはいけません。「それ、当たり前でしょう、わざわざ言うこと?」と思うかもしれません。しかし、本当に大切なことなので、あえて申し上げておきます。

またビジネスをやっていると失敗の一つもあるでしょう。そんな時は必ず「ごめんなさい」と言いましょう。これも当たり前です。しかしこれができていない人がとても多いのです。

何か言い分があるのでしょうか、ああだこうだと、謝らないで済まそうとする人がいます。まず、何かトラブルが起きて失敗をしたら、どのような理由があっても、必ず第一声は「ごめんなさい」です。まずその言葉があって、その上でなぜそうなってしまったのか、相手に対して自分の理由を述べるのはかまいません。しかし、まずは相手を不快にさせてしまったということに対しての謝罪の言葉を述べることです。

そんな簡単な、あなたにとっては些細《ささい》と感じることでも、相手が不快に思ってしまうと心が離れてしまうこともあります。グループは生涯を共にするビジネスパートナーであるはずなのに、そんなところから亀裂は生まれてきます。


そして3つ目は謙虚さです。

ネットワークビジネスは、相手を持ち上げるT-UPという魔法で守られています。よって、リーダーはグループの中にいると心地良いものです。当然です。T-UPしてもらってしゃべったら、みんなに「ありがとう」と言ってもらえるのですから。しかし、そこで勘違いしてしまう人がいます。天狗《てんぐ》になってしまう。俺は偉いんだ、といった勘違いをしてしまう。

タイトルを取っているから偉い、年齢が高いから偉い、先にやっているから偉い。そんな基準はこの仕事には存在していません。

あくまで役割としてT-UPがあるだけです。しっかり伝わるように話をするためにT-UPをかけてもらうということがありますが、基本的に上司、部下ではないし、別に偉いわけでもありません。あくまでパートナーシップの関係性です。

私もこのことに関してはとくに意識しています。自分より目下の人だからこそ、より謙虚な気持ちを持って接する。性別も関係ありません。もし成果を出しているのなら、いつでも教えを乞《こ》う気持ちでいます。自分のほうが偉いのだから教えろとか、偉いから来いよ、といった考え、態度は論外です。

感謝、誠実、謙虚。実にちょっとしたことなのですが、ネットワークビジネスでは、このちょっとしたことをおろそかにすると命取りになります。たった一人でも不快な思いをさせることで、それが伝染し、時にはマイナスの風評が広がって、組織の統率が取れなくなっていくこともあるのです。その結果、組織が崩壊することもあります。私は何度も、これで崩壊してしまった組織を目にしてきました。

謙虚、誠実、感謝。当たり前のことですが、これらをしっかり意識してグループとコミュニケーションを取っていく必要があります。

PART

4

絶対に間違ってはいけない会社選び

間違った会社選びは、すべての努力を無駄にする！

本書では、このあとの章で、業界初となる、ネットワークビジネスにおける実践テクニックをご紹介します。これは「手の内をすべて明かす」と言えるくらい、実践面で役立つテクニック（ノウハウ）ですが、それをお伝えする前にもう一つだけ、大変に重要なことをお伝えしておく必要があります。それは会社選びについてです。

ネットワークビジネスにおいて会社選びとは、何にもまして重要と言えることかもしれません。あなたが本書を通してマインドやテクニックを身に付け、そして努力を惜しまず実行したとしても、その入り口で、もし会社選びを間違えてしまったら水の泡になりかねません。あなたの知識や努力は何も成果を生まず、悪くすれば人に利用されるだけで終わってしまう可能性があります。

実際、私自身も過去に会社選びを間違ったため、大変な思いをした経験があります。また会社選びを間違ってしまったために、結果が出ない努力を続けて消耗し、結局ビジネスをあきらめていった数多くの人たちを見てきました。

この本を読んだあなたには、決してそんな遠回り、行き止まりの道を歩んで欲しくありません。

あなたの知識や努力を確実に活かすためにも、まずは会社選びを、ここでご紹介する項目について十分検討することで、慎重に行ってください。

以前、ネットワークビジネスを行う会社を評価する際、一般的に次の5つの項目を見ることが大切と言われてきました。

・会社（役員構成や資本力、過去の実績など）
・商品（どんな商品を扱っているのか）
・プラン（どのような報酬プランになっているのか）
・環境（人やオフィス、セミナーや販促ツールなどはどうなっているのか）
・タイミング（商品は今、社会に受け入れられるタイミングにあるのか）

この5つの項目です。

しかし、時代は移り、この項目も変化してきました。次に挙げるのは、私が最新のネットワークビジネスを自ら実行し、成功した体験を通して見えてきた、新しい会社選びのための特に意識している5つの項目、条件です。

・オンラインで登録、営業ができるか？
・資本力はあるか？
・登録費用はいくらになっているか？
・収益プランはどうなっているか？
・商品は何を扱っているのか？

ここに挙げている5つのポイントをしっかり意識することで、会社選びはもちろんですが、業界全体を冷静に判断して見ることができるようになるはずです。

では一項目ずつ解説していきましょう。

オンラインで登録、営業ができること

オンラインで登録業務ができて、営業行為ができること。これは新しいネットワークビジネスが展開されている現在において、私は必須の項目であると考えています。

たとえば、インターネットを活用してＭＬＭをやりたい。今の時代、そんなことは誰でも当たり前に考えているはずです。

しかし意外なことですが、現在広く行われているネットワークビジネス、とくに老舗と言われている会社では、インターネットの活用自体を認めていない会社が多数存在します。

会社が登録フォームを用意してくれないと、書類をいちいち郵送しないといけません。これはめちゃくちゃに不便なことです。とてもやっていられません。あなたにとってはもちろんですが、相手にとってもこれは大きな負担になります。

そもそも個人情報を詳細に書類に書き込んで、知らないところに送るような不便なことを、いったい誰がやってくれるでしょうか。少なくともあなたは、そんなことを決してやりたくないはずです。

しかし多くの会社が告知や契約をインターネットでやるな、と言っています。ところが、あまりにも不便なので、ダメと言われてもついインターネットでやってしまう人が多くいま

す。会社にわかってしまうと活動停止処分を受けたり、除名になることもあります。規約違反で、即座に処分が下されます。

会社によっては、規約違反者は即クビにすることもあります。そんなことは珍しくもありません。とくに大手、外資系の規律はとにかく厳格です。

資本力

2つめ。これは資本力です。

基本的に会社選びの条件として、資本力は重要です。では資本力はなぜ必要なのでしょうか。それは、資本力を持っている会社はつぶれないということです。会社がつぶれたら、あなたがそれまでどれほど努力してきたとしても、一夜にしてすべて失います。組織がどうこうと、いくら言ったとしても、会社がつぶれてしまえばどうしようもありません。すべては無となってしまいます。

では、資本力が乏しく、つぶれやすい会社はどのように見破ればよいのでしょうか。私の経験上、一つには、国内で今から立ち上がる会社は選ばないという方法があります。

ここ数年の日本国内のネットワークビジネスにおいては、高確率でつぶれたり、立ち上がり切れずに、そのまま衰退して自然消滅している会社が多数あります。その確率は9割を超えています。ですから、とくに国内の立ち上げの話には注意してください。

逆に海外資本の会社は高い確率でキャッシュ、資本力を持っています。考えてみればそれは当然です。日本だけでなく、世界何十か国でビジネスを展開している会社は、それだけで資本をもっているという証拠です。資本がなければ世界展開などできません。

つまり世界展開している海外資本の会社は、ちょっとやそっとではつぶれないのです。

さらに言えば海外資本の会社は、世界何十か国に支店を持っていますので、みなさんもそのビジネスに参加すればインターネットを通してリクルートが可能ですし、必ず海外の方から問い合わせもきます。つまりあなたは日本のみならず、海外に営業をかけることができるようになります。

ちなみに私も海外への営業は盛んに行っています。すでに私のチームは、海外50か国以上にあります。オーストラリア、タイ、マレーシア、イギリス、アメリカは、ニューヨーク、カリフォルニアなど、世界中の多くの場所にグループがいます。これは、海外資本の会社だからできることです。

これは国内の会社だと厳しいです。まず無理です。さらに申し上げると、日本企業で海外でも成功しているネットワークの会社は皆無。ゼロです。一社もありません。

ですから国内の会社はつぶれる可能性が高い。この事実だけは肝に銘じておいてください。

登録費用が「安価」であること

3つ目は、登録費用が「安価」であることです。

値段の高い商品はもう売れません。私が改めて申し上げるまでもなく、世の中はインターネット社会になっています。そんな状況の中、たとえばあなたはインターネットで50万、100万円の買いものをしますか？　常識の範囲でいえば、せいぜい5万円とか10万くらいまでの買い物ではないでしょうか。つまり商品の販売がインターネット中心になっている今、高額商品は売れにくいという事実が存在します。

そして、高額商品は売れない以上に、トラブルの元になりやすい商品でもあります。安ければ軽い気持ちで購入してくれますし、万が一、商品に対して気に入らない点があったとしても、値段を考えれば、ほとんどのケースで問題化、クレーム化しません。

しかし、それが10万円以上の商品であったらどうでしょう。少しでも気に入らない点があったら大変です。絶対に許されません。クレーム電話を入れてでも、返品や交換をしないと、という気持ちにもなります。

以前でしたら高額商品は多く存在していました。しかし今の時代、高額商品はもはや時代遅れと言ってもいいでしょう。

また、逆に安すぎてもダメという考え方もあります。たとえば初期費用が1万円程度で月額3000円のMLMとした場合、相当な人数を集めないと稼げないので、なかなか成功者が誕生しないMLMとなってしまいます。

ですから、私は初期費用は5万円前後で、月額は安くても1万円から1万5、000円前後ぐらいの価格帯が好ましいと考えています。

最近のMLMは、そういった部分も考慮して、登録パターンが複数ある会社も増えてきました。

収益プラン

4つ目は収益プランです。

私は、インターネットを使ったネットワークビジネスで活動したい方々のことを考えれば、収益プランは「バイナリー」しかないと感じています。「ユニレベル」ではないと考えます。

念のために申し上げると、バイナリーとは、2系列（2人）のラインで構成されている報酬システムです。1人に対してダウンにつくのが2系列（2人）というシステムです。

なぜか。一つには、飽和状態のMLMにこれから参入される方にとって、5人や6人も紹介して系列数を増やしていくのは非常に大変であるという点です。

そして、始めやすさもバイナリーの利点です。自らの直ダウンは2人と限定されているので、心理的ハードルも低くビジネスが始められます。

そしてバイナリーでは、アップが3人目の直紹介を出した時には、自分の直ダウンは2人と限定されていますから、任意の（もしくは自動で）ダウンの下につくことになります。

つまり、最低限、決められた人数の紹介が自分でできていれば、アップからの手助けにより、ダウン、ダウンのさらにダウンにバイナリーで組織がどんどん出来上がってくる、「スピルオーバー」という現象が起こってきます。

もちろん直紹介を出し続けることは大切ですが、このスピルオーバーを起こす形がバイナリーなのです。これは初心者にはうれしい収益プランです。

と、この話をすると、スピルオーバーを期待して他力本願な人たちばかり集まり、優秀な人が入りにくいと思う方もいます。しかし、そもそもネットMLMは自分の代わりにブログやSNS、YouTubeに働いてもらいたい人たちが集まるので、属性的にも相性がいいのです。

これに対し、直ダウンを2人に限定せず、どんどん横に増やしていくスタイルがユニレベルという収益モデルです。ユニレベルの「ユニ」とは、ラテン語で「単一」「1」という意味で「レベル」には「段」という意味があります。

旧来のネットワークビジネスのほとんどは、このユニレベルの収益スタイルで行われていました。

バイナリーとの違いは、自分で出す紹介（直紹介）は、5人10人でも好きなだけ出すことができ、出したすべてが自分から見て1段目に配置されます。つまり横に伸びていくシステムです。収益は、自分から見て何段目までの収益の何パーセントというように計算されます。つまり大きく段が離れてしまえば、自分の収益外となるため、自分の直の人数を増やしていく必要があります。

バイナリープランは、あなたが何もしなくても縦に会員が増えていく可能性がありますが、ユニレベルプランで縦に会員を増やしていくためには、グループ全体を育てていかないといけないのです。

またバイナリープランと比べて教育面や管理面で手間がかかってしまいます。初心者でもわかりやすい報酬プランではありますが、あなたがリーダーとなってグループ全体を育てていく必要があるので、報酬を獲得するまでにはそれなりの苦労がともないます。

商品

1つ目は、実際に物が存在する美容や健康に関連する商品と、2つ目は、IT関連や投資、旅行や電力などの物が存在しない商品があります。

次に価格帯ですが、一回きりで高いものを買ってもらう美顔関連器具や浄水器、空気清浄機、といったような耐久消費財。比較的安価な価格設定で、リピートを目的にした化粧品やサプリメントと言った消費財、消耗品があります。

まとめると大きく分けて、物があるかないかと高額で一度切りか安価でリピートを目的にして組織をつくるかの違いです。

これらの4つの特徴を理解すると、現在のネットワークビジネスで扱われる、商品の90%を理解することができるので、自分にあった商品選びが可能です。

まず美と健康です。美と健康を扱った商品の良いところはなんでしょうか。それは、みんなが知っている商品なので家庭に入り込みやすいということです。

ネットワーク業界では、これを「ブランドチェンジ」と言っています。

たとえば、

「普段使ってるシャンプーを、この新しいシャンプーに変えるだけでビジネスになります」「今のモノより良いシャンプーに変えてもらうだけ。何か特別に買ってもらうわけではありません！　商品（シャンプー）を変えるだけです！」

これが、ブランドチェンジです。

多くのケースでは、良いものになるのだから、多少は高くなりますよ、という部分が加えられるのですが、会社によっては、逆に「節約」なんて言葉まで使っている場合もあります。

つまり、

「今使っているシャンプーをより良いものに変えて、節約したくない？　いいでしょ！　しかも同じことを感じる（考えている）人を集めればビジネスになる！　すごいでしょ！」

となります。美と健康の製品は、そんな風にどんどん家庭に入り込んでいきます。

つまり美と健康を扱った商品の最大の長所は、家庭に入り込みやすく、ブランドチェンジというトークを成り立たせやすいという点にあります。

しかし、短所もあります。まずは、美と健康というジャンルがすでに飽和しているという点があげられます。「その話は聞き飽きている！」「今の話って聞いたことがある」「過去にやったことがある。もうやりたくない！」と、多くの人がそう思っています。つまりマイナスイメージが定着してしまっているのです。

ネットワークビジネスといえば美と健康。若い子があなたとしゃべっている最中に、急にサプリ商品を取り出した瞬間、「あ、ネットワークやってるんじゃない!?」、こんな悪いイメージです。

そして、美と健康の商品の世界には、さらにひどい問題が起こっています。それは何か?愛用者をつくることができないという問題です。

愛用者をつくるというのが大前提のネットワークビジネスが、愛用者をつくれなくなってしまったら、ビジネスモデル自体が成立しません。

ではなぜ、愛用者をつくれなくなってしまったのかですが、一つには、先ほど申し上げたように、商品、ジャンル自体が飽和してしまっています。飽和すると物が売れなくなります。物が売れなくなると何が起こるかと言えば、売れないので買い込みが起こります。

では買い込みが起こるとどうなるか。愛用者をつくるにも在庫が多すぎて、とても自分ではさばききれず、過剰に売らなければならない状況が起こります。商品には消費期限もあったりするので、たとえ二束三文《にそくさんもん》でもヤフオクやメルカリを使って売ったり、ネットワークの商品を専門で買い取ってくれる業者に売ってしまう人が出てくるのです。

そうなるとディストリビュータから買うのと同じ商品が、5割オフ、6割オフでインターネット上でたたき売られることになります。そんな風になったら、誰も定価で買いたいとは思いません。

そして、さらに悪いことが起こっています。今まで縁のなかった普通の会社がここに進出してきます。

手法は人気商品の狙い撃ちです。人気商品を名指しして、名前が似た類似商品を出して来るのです。その商品は、ネットワークビジネスで大人気の商品で、類似品はその人気商品の売りである成分の量を同等かそれ以上含み、値段は半額で売る。

しかも、それを人気商品の横に並べ、比較まで行う。つまり人気商品を名指しで批判して、もっと優れた類似商品を安く売るわけです。こんな状況で既存の商品が売れるわけがありません。

では、ネットワークビジネスの商品も値段を下げたらいいのかというと、それはできません。ネットワークビジネスの場合、口コミ料が非常に膨大です。そして「良い成分」のものだから「高い」という売り方しかできません。これまで、愛用者はこの価格が高い点について、納得して購入していました。しかしインターネットの類似品は、口コミ料も、良い製品だから高いという部分も丸ごと否定し、良い成分でも安く売れます！　としたわけです。

かなり露骨に、「高いのは手数料で、成功者に金を持っていかれているだけです！」と言っているのと同じです。これをされたらもう終わりです。

つまり美と健康の製品は、ネットワークビジネスの世界では、愛用者をつくりにくい商品になってしまいました。


次に、ＩＴ・投資系はどうでしょう。私は残念ながら、これは最初から否定しています。なぜか。それは、過去が証明しています。日本にＩＴ系の商品はこれまでもたくさん存在してきました。しかしそのすべてが形になっていません。

ＩＴ・投資系商品のビジョン、言っていることは素晴らしいものばかりです。本当に良いことを言います。うちはＩＴ系だから、ホームページつくって、ＳＮＳつくってネットショップつくって、広告を出せます、と。とにかく形のないものをネットで普及させて、広告費を取ってそれを組織で分配したら、みんな豊かになるでしょ、ということを言い切ります。

確かに言っていることは素晴らしいです。

「うちの投資系なんてやばいよ！　たとえば株だ、ＦＸだといろいろありますけど、最近だったらビットコイン。これをね、みんな持ったら1年後には、2倍、5倍、10倍になりますよ」と誘う。「10倍になるなら買ってもいいかな。10万円買えば、1年後に１００万円になる。宝くじだと思って買おうかな！」といった感じで多くの人が購入します。確かにうまくいけば良い話です。非常に良いことを言っていると思います。ただしうまくいけば、ですが。

ところが、100%言えるのですが、一社もうまくいっていません。この数十年間、一社もうまくいっていない。だから、IT・投資系商品は絶対ダメだと言っているのではありません。数十年間、一度もうまくいっていない、博打性の高い商品だということをわかっておいて欲しい、ということです。

もちろん、IT・投資系でも儲けている人は存在します。儲かるという謳い文句でお金を集める側の人です。こういう人はビジネスが失敗しても、集めたお金で十分に儲かります。

しかし、間違ってもエンドユーザーが10万円払って、1年後に100万円になるなどということは起こりません。そんなことは今まで一社も起こっていません。

しかも、その事実を知らない人たちが、また新しいビジネスを立ち上げて、知らないがゆえに、「これね、すごいんだよ。儲かることが保証されているから」と自信満々で言い切ります。

しかし、1年後、蓋を開けたらダメでした！　こんな話ばかりです。

私はIT・投資系の商品は、このIT・投資系という呼び名ではなく、今後はギャンブル系という名に変えたほうがいいと思います。間違っても投資商品ではありません。

美と健康も、投資・ＩＴ系もダメ。では、何を選べばいいのか。

簡単に言ってしまえば、ここで述べたような美容健康とＩＴ・投資系以外のビジネス、会社を選ぶべきです。

ここで、「だから私の会社のビジネスをお勧めします」と言うのは、あまりにもうま過ぎる話ですので申し上げません。

しかし、ここまでのことを念頭に、私のビジネス、会社の姿を見ていただければ、私の言っていることが正しいことを、きっとご理解いただけると思っています。


ネットワークビジネスは、これまで述べてきたとおり飽和している業界です。だから、旧来のやり方では通じなくなっています。今までのノウハウを無視して、新しいノウハウを考える必要があります。

間違っても、10年以上も前のバブル期に、「俺はこうやって成功したんだ！」というノウハウなど聞かないほうがいいでしょう。意味がないからです。時代が違うということです。

たとえば、携帯電話を売って非常に儲かった時のノウハウを今も使っているようなものです。今の時代ではまったく通じなくなったノウハウを押しつけて、気合、根性、ノリ、テンション、精神論、根性論でなんとかひっくり返せ！　というアップばかりなのが、まだまだ既存のネットワークビジネスの現状と言えるでしょう。

私が考えたのは、そんな精神論ではなく、今までにしてこなかったことをする、ということです。新しい波を起こさないといけないのです。


たとえば、私がこのあとのテクニック編でお伝えするネットMLMは、インターネットとMLMを組み合わせてやりましょう！　という方法です。

私のビジネスは、その仕組みをつくり上げ、活用したおかげで、驚くほどの成長を達成し、今現在もその勢いは増すばかりです。

ですから、たぶんこの後にご紹介する内容は、既存のネットワークビジネスのノウハウとは大きく異なるものばかりだと思います。

そして、これが実際に成功している最新のノウハウであることは自信をもって言うことができます。今までと違う、といった先入観を持つことなく、ぜひ素直な気持ちでノウハウを吸収してください。

PART

5

ネットワークビジネスで成功する最新テクニック

なぜノウハウを公開するのか？

この章では、いよいよネットワークビジネスにおける、さまざまな実践テクニックについてお話ししていきたいと思います。

ネットワークビジネスでは、集客、教育、販売、育成・フォローをとおして多くの人を集め、組織をつくり上げていくビジネスですが、そこには多くのノウハウが存在しています。

実はこれまでそのノウハウは、とくにこうした書籍においては、あまり公開されていませんでした。

私が本書であえてノウハウを公開するのには、2つの理由があります。

1つは、私の考えるネットワークビジネスが一過性のものではなく、そこに参加する人を家族と考え、長くお付き合いしていく相手であると考えているからです。

その方たちにノウハウを隠しているよりも、多くの人に同じノウハウを身に付けていただくことで、強い組織を長く続けていくことに価値を感じているのです。

2つ目は、私が本書で話すノウハウが、従来のネットワークビジネスではなく、新しい時代のインターネットを活用したネットワークビジネスである点です。

私はこのインターネットを活用したネットワークビジネスをネットMLMと呼んでいますが、インターネットという公の場で、みなさんにもどんどん活動を広げていっていただくには、そのノウハウを公開し、いつもみなさんの身近にある技術とする必要があります。

その背景には、みなさんに身に付けていただいた技術が最大限に発揮できるビジネスの場を私が提供できている、という私自身の裏付け、自信も大きいです。つまり、ノウハウを習得していただければいただくほど、結果としてインターネットを活用したネットワークビジネス、ネットMLMの素晴らしさを理解していただける。新しい時代のネットワークビジネスへの共感者が増えるという考えで、ノウハウの公開を決意しました。

たぶん、これはネットワークビジネスの業界で初めての試みだと思います。

これまでの章で、精神面でのマインドセットを行ったみなさんだからこそ実行可能な、インターネット時代の実践的なノウハウをぜひ身に付けられ、ビジネスにチャレンジしていただきたいと思います。

ネットワークビジネスで最短、最速に成功する方法

ネットワークビジネスで最短、最速で成功するためにはどうすればいいのか。

結論から言ってしまうと、それは自分の力に頼らないことです。

あなたがすでに、何かしらのビジネスで結果を出されているならば、おそらく本書を手にしていないでしょう。すでに、成功を手にされていると思います。

しかし、この本を熱心に読まれているあなたは、現状に満足していなかったり、過去のビジネスが失敗続き、ということで悩まれているかもしれません。そういった方が成功するためには、自分の力だけでなく、やはり成功者の力を借りるということが一番であると私は考えます。私はこれを、「外的要因」と言っています。

では、自分以外のパワーをどうやって使うのか。それは、今の時代、インターネットの力を活用することで可能となります。

私はもともと、インターネットビジネスではド素人でした。そのような私が、ネットワークビジネスとインターネットをうまく組み合わせることで、短期的に組織をつくることに成功したのです。

実際に1か月で100名。わずか半年足らずで1、000名に近い組織をつくり上げることができました。

どうしてそのようなことができたのか。これは、インターネットの力としか言いようがありません。

私自身が急激にビジネスの力を身に付けることに成功し、成長したのかというと、決してそうではないと感じています。

むしろ、自分のパワーをインターネットでレバレッジをかけて活用し、時間的、人的・

ネットMLMで最短・最速で成功する方法

あとは、やるだけという環境に身を置くことが大切

量的な優位性をうまく活かしきったからだと思います。

つまり、私は一の努力をインターネットを利用することで、10倍、100倍、1、000倍にも拡大させて、短期間で成功したのだと思っています。

もう、おわかりいただけたと思いますが、あなたも短期的に成功したいならば、インターネットの力は欠かせないということです。

そして、インターネットやネットビジネスに精通している方と組むのが、まだ成功していないあなたにとっては最適な方法です。

人は誰と組むかで、ビジネスはもちろん、人生も変わっていきます。ネットビジネスに精通し、ネットビジネスのことを教えてくれる人。インターネットをうまく活用し、フォローしてくれる環境があるところに身を置くことができれば、短期的な成功にも近づくことになります。

逆に、この業界では、自分で一から行おうとするのはとても非効率です。あれもこれもと才能を磨こうと思っても、とても時間が足りません。そのようなノウハウを一から自分で編み出し獲得するよりも、もっとやらなければならないことが、たくさんあります。

自分以外の能力を持っている人とパートナーを組むことが、大事なのです。

ネットMLMで失敗する人の共通点

ここでも、ネットMLMで失敗する人の共通点について、お伝えしようと思います。

「相手も人間」ということを忘れている

まず、最も多い勘違い行為について。とくにフェイスブックで記事を書く際によくある勘違いは、「相手も人間」ということを忘れているケースです。

フェイスブックはただ情報を書き込むものではありません。大切なのは読者のために書いているということを強く意識することです。

インターネットは相手が見えませんが、あくまでビジネスは相手とビジネスコミュニケーションを取っていくものです。

「なんだ当たり前じゃないか！」と思う方もいるかもしれません。しかし実際に、それを理解せず活動されている方がたくさん存在しています。

ネットだからといって決して雑なことをしてはいけません。

相手の都合も考えないでいきなり会いましょうなどと、持ちかける。こういったことは、雑にもほどがあります。

不思議なもので、道具がインターネットになった瞬間に、なぜかみなさん少し〝強キャラ〟に変わって、言葉がきつくなってしまうことがあるのです。

会ったことも話したこともない知らない人に対して、いきなり「ビジネスいかがですか?」とメッセージを送ってしまう人も中にはいます。

もちろん、それも相当な量や経験を重ねれば、成功するケースもあるかもしれません。

しかし、インターネットを使っていたとしても、「相手」がいるわけです。人に対する最低限のルールがコミュニケーションには必要です。たとえ相手が見えなくても守らなければならないルールがあることを再確認してください。

インターネットは飛び道具だと勘違いしている

「インターネットを使ったらすぐ成功できる!」というように、インターネットに魔法や飛び道具のようなイメージを持ってしまって、とにかくこれだけで成功できると錯覚《さっかく》している人も多く存在します。

もちろん、インターネットは成功に導いてくれる一つのツールだと思って間違いありません。しかし、インターネットを使ったからといって、1か月目でいきなり大成功するかというと、これはまた別の話です。

インターネットを活用したとしても、過去の経験や才能、能力なども問われてきます。そのため、インターネットに期待しすぎている人は、ちょっとネットをやってみて、うまくいかないとあきらめてしまう人が目立つのです。もちろんあきらめたら、うまくいくわけがありません。

確かに、インターネットはすごい道具です。ネット上に記事を載せれば、いつ、誰が、どこで、どれだけ見ているか計り知れません。そして期待以上の結果となるケースも多く、自分自身でも完全には把握できないほどの可能性を持っています。

このレバレッジのパワーを上手に活かすことによって、一度きりのアクションが億の富を生むことも、大いにありえるのがネットの世界なのです。

そういった側面があるので魔法的なイメージを持ってしまうのでしょうが、すぐ成功できるかというのは、また別問題だということです。

一定の努力はもちろん必要ですし、すぐ成功したければすぐ成功する理由をつくることも必要でしょう。ツールなども使って、すぐ成功できるような環境設定をしないといけないということです。

私たちは「権利収入」を目指しています。一度きりのアクションがずっとお金を生み出すということを考えれば、それ相応の努力が当然必要になってきます。

言葉尻が弱く、それが相手に伝わってしまいがち

最後にもう一つ。うまくいかない人の中には、記事を書いた時に、とても弱気なイメージが伝わってしまうケースもあります。相手へのメッセージで大切なのは「自信」と「言い切り」です。どんな商売でも同じですが、インターネットビジネスでは、とくにこの「自信」と「言い切り」が重要です。

ビジネスを始めたばかりで成功体験がないと、自信もないし、言い切ることも難しい。そのため、「あなたが登録してくれたら、自分はアポ取りから解放されるんです、だからお願い！」といったマイナスのメッセージを伝えてしまいがちです。当然、結果は「そんな嫌な仕事、私に勧めないで！」となってしまいます。

私は、インターネットを駆使したネットワークビジネスに大きな自信をもっています。インターネットを使った、ネットワークビジネスの可能性は無限大です。

とにかく短期で成功するには、本当にこれしかないと思って、ネットMLMに取り組んでいます。

そこには「……だと思う」などの不確定な要素は一切存在しません。

人は確信を得て行動すると自然と言葉尻が強くなり、腹から声が出るようになります。そして、言い切れる自分というものが出てきます。

トランプの「ババ抜き」のように恐る恐る行動していたらダメです。

くり返しますが、このビジネスには、「自信」と「言い切り」が重要なのです。

ネットMLMの興味付けの仕方とは？　まとめ

1.ネットMLMではとにかく相手を人だと思うこと

2.インターネットは魔法のようなものかもしれないが継続して努力をすること

3.“自信”と“言い切り”が成功の鍵

効率よくリストを集める方法とは？

どのようなビジネスにおいても重要なのはリストです。もちろん、ネットワークビジネスにおいてもです。どんなに良い商品を持っていても、「買う人」がいなければ話になりません。

ここでは、その大切なリストを集めるための方法をお伝えします。

インターネットでリストアップ

普通（アナログ）のネットワークビジネスの場合、初めにやることは「リストアップ」です。これは、「誰に声をかけるのか」という部分で、たいていの場合、まずは声をかけるために友達の名前を紙に書いてリスト化していきます。では、これをインターネットでやるとしたら、どのようにするのでしょうか。

仮にあなたがビジネスをしたことがない初心者だとしたら、そもそも誰に声をかけたらよいのか。この「誰」がいないわけです。

では、どのようにして、その「誰」をつくっていくのか。いろいろな方法があるのですが、（後ほど詳述します）ここではフェイスブックを例にしていきます。

あなたがフェイスブックのアカウントを持っていないとします。今、一からアカウントをつくったとしたら、友達はいない状態です。友達がいなければ、誰に声をかけたらいいのか、わからないということになります。

それなら、あなたがまずやるべきことは友達をつくる作業です。では、友達をどのようにつくればよいのでしょうか。

フェイスブックで友達を効率よく増やすためにはいくつか方法がありますが、「量か質か」で考えた時、ここであなたに求められるのは量の勝負です。初めは中身が空っぽのアカウントなので、とにかく友達を増やしまくるしかありません。フェイスブックの場合、そのためには友達申請をしまくるということです。では、どこに申請すればよいのでしょう。

最も良いのは、フェイスブックの検索窓にキーワードを入れて検索することです。たとえば、「友達　5、000人」などの言葉です。検索すると、そのキーワードに該当するグループがたくさん出てきます。

このようなグループには、同じように友達を増やしたい、という人がたくさんいるので、そこでまず友達になっていく、というのが最も早いやり方です。

もちろん、こうしてつながった人たちは、フェイスブック上では「友達」ですが、会ったことがない人ですので、本当の友達ではありません。ですが、「見込み客」ではありません。

正確には、「見込み客の見込み客」なので、私は「見込み見込み客」という言葉を使っています。フェイスブックの友達をつくる作業というのは、こうした「見込み見込み客」をまず集める作業ということです。

フェイスブックの「友達」は、つまり「リスト」です。これは効率よくやろうと思えば、本当に3日ぐらいあれば、5、000人リストもつくることが可能です。要は、5、000人のアカウントと友達になっているということです。これを月に10回やれば、50、000人リストを獲得することができます。

「ええ、本当に?」と思うかもしれませんが、フェイスブックで友達を5、000人に増やすのは、実はたやすいことです。ですから、極端に言えば、その作業ばかりやっていれば、友達の数は無限に増やすことができるのです。

しかも、これはフェイスブックだけに限った場合ではなく、他のツールでも同じようなコミュニティは存在します。活用するSNSの種類を増やしてみたり、アカウントの数を増やしたりすることによって、「友達」というのは無限に増やしていくことができます。

「集客」は“集める”のではなく“集まる”

私は「集客」というのは、「集める」のでなく「集まる」状況をつくらないとだめだと考えています。したがって、あなたが良質な記事を書いて、ファンをつくり、自然と友達申請されていくようにしていくことが重要です。

あなたの記事が「いいね」とクリックされて、自然に拡散され、それを見た友達の友達からも申請が来て、という状態にもっていくのがベストです。しかし、ゼロベースの人に、いきなりそれは難しい。初めは「質より量」といっているのは、このためです。

最終的に目指すのは「量があっての質」です。ネットビジネスを理解していくようになれば、質も上がり、自然とあなたのもとに人が集まるようにもなります。

まず初心者向けの手法として、次のようなことを心がけてください。

・友達をとにかく無造作に増やしていく
・アカウントを増やしていく
・下手でもいいので成功者を参考に投稿してみる

あとは投稿だけだと時間がかかるので、こちらから相手の投稿を見て、いいねコメント回りをして積極的にからんでいったり、ダイレクトメッセージを大量に送ってみるのも手段の一つです。ただ、この方法はSNSによっては凍結リスクもありますので、加減も重要になってきます。それでも初めは、多少失敗してもいいので、まずは挑戦してみてください。

LINEでもリスト化する

人間関係ができたら、最終的にしっかり営業をかけていきます。その際、フェイスブックのタイムラインのコメント欄などでLINEに誘導をかけて、LINEでリスト化していく方法も効果的です。実際、成功している人の多くは、フェイスブックとLINEの両方でリストにする形をとっています。

フェイスブック上でネットビジネスをやっている人の記事をよく見てください。コメント欄にLINEへの誘導をかけている人が多く見られます。「これって、なんだろうな?」と思ったら、まずはあなた自身で調べてみてください。

なぜそんなことをやっているのか。それが最終的にどんな風に営業としてつながっているのか。これらをあなた自身が、確認してみるとよいでしょう。

マイストーリーのつくり方

マイストーリーとは、簡単に言うと自己紹介のようなものです。今後、あなたがインターネット上でさまざまな活動をしていく上で、たぶん何千回も自己紹介をしていくことになります。

当たり前ですが、同じ人に3回も4回も自己紹介はしません。1回だけ。あなたはそのたった1回目の自己紹介のときに何をしゃべりますか。

申し上げたいのは、このたった1回の自己紹介、チャンスのために、人を惹きつけるものをつくっておかないとダメだということです。

それならば、最高の自己紹介をあらかじめつくっておくことで、最初の出会いを最高のものにしましょう。

では、どうすれば人を惹きつけることができるのか。マイストーリーは自己紹介のようなものと先ほど言いましたが、ここには「ストーリー」という言葉が入っています。つまり、ストーリーで人を惹きつけるのです。

「営業マンは商品を売るな、自分を売れ」という言葉をよく耳にします。マイストーリーもまさにそれです。その中でいかに自分を売っていくのかが課題です。過去、現在、未来形式のストーリーを仕立てて自分を売っていくことが肝心です。

たとえば映画の脚本で、主人公が、いきなり成功しました。そして、2時間ずっと成功しっぱなしで、「はい終わり」では面白くもなんともありません。

初めは普通に生きていたが、途中で転機があり、調子が良くなった。しかし、ある事件でどん底まで落ちて、そこで苦しい経験をし、また、はい上がって再び成功する。そのような山あり谷ありのストーリーが人を感動させます。

マイストーリーも同じです。良い時もあれば悪い時もあった。そのストーリーの波をつくりながら、その中で最後に成功することができた転機こそが、インターネットビジネスやネットMLMに興味を持ったことだった。

そういったストーリーなら、相手を感動させることも可能です。

マイストーリーを聞く方は、あなたから見れば後輩です。あなたは先輩で、相手より早く転機に出会ったからこそ成功を得ることができた。だから、みなさんも同じですよ。そのように感じてもらうのが、できるマイストーリーです。

相手が、「そのストーリー、私も味わいたい」と思った瞬間、「じゃあ、一回話を聞いてみませんか」とアポにつながることになります。

この大切な出会いに、最も大切な役割を果たすマイストーリーですから、極端ではなく3日くらい考えてもいいでしょう。いろいろな人のマイストーリーを参考にしてください。

その中であなたがキュンときたキーワードを、自分のマイストーリーに盛り込んでいきましょう。

できれば、あなたの過去、現在、未来が、それを読んでいる人にとって興味がある、そして理想だと思ってもらえるような内容に仕立てましょう。

初めはうまく書けないかもしれませんが、どんどん書いていくうちに、うまくなっていきますので、ぜひ挑戦してみてください。

フェイスブックを活用して組織をつくる方法①
～グループ投稿の活用法

ここからは、詳しくネットワークビジネスにおける、フェイスブックを使った組織のつくり方についてお話ししたいと思います。

インスタグラムやその他のSNSについては、本書ではお話ししませんが、各SNSの仕様が違うだけで仕組みは一緒なので参考にしてもらえたらと思います。

フェイスブックは多くのユーザーが使う実名制のSNSです。日本だけでもおよそ2、800万人ものユーザーが使っているというデータがあります。

これをネットワークビジネスの組織構築に使わない手はありません。フェイスブックをうまく活用すれば、アポ取りだけではなく、ネット完結で組織を増やすことも可能です。

まずは最も再現性の高い、比較的簡単な初心者向けの内容を一つご紹介しましょう。

フェイスブックにおいて一番簡単な手法は、先の項でも少し触れた「グループ投稿」の活用です。

フェイスブックには、特定のテーマで交流できる「グループ」という機能があります。関西人交流グループ、釣り好きグループ、海外旅行好きグループなど、興味のあるテーマを扱うグループがあったら、リクエストを出し、参加することができます。非公開のグループであっても、「承認」されれば参加することができます。

まず、フェイスブックのアカウントを持っていない場合は、アカウントをつくります。

グループには宣伝掲示板的なものが、とにかくたくさんありますので、そういったものをまずは一度見てみましょう。

その中に「ネットビジネス」とか「アフィリエイト」というグループもあって、そこに多くの業者が投稿しています。もちろん投稿OKなので、まずは、こうした場所を利用して投稿しまくるという方法もあります。

たとえば、「副業」と調べると、グループの一覧が表示されます。そこは副業系の投稿がOKなグループですから、他の方と同じように、自分の商品を投稿してアフィリエイトしていけばいいのです。まずは、これが最も簡単なやり方です。

そんな簡単な作業でできるのなら、すぐ稼げるのでは、と思われるかもしれません。しかし良いことばかりではなくて、いざ作業をしていくと、この方法にも問題があることがわかります。

まず簡単な方法だけに、ライバルが多数存在します。そのため、グループ投稿はかなりやっているが、思ったより成果が出ない、ということが起こります。

ライバルが多いため、相当な数を毎日継続して投稿しなければならないし、投稿しても全員が見てくれるわけではありません。

いくら「副業」に興味がある人が集まっているグループとはいえ、たくさんの人が宣伝するページであったりすると、それこそ100人に一人、1、000人に一人くらいの確率でしか反応がないということもよくあります。

グループ投稿はティッシュ配りのアルバイトと同じです。ティッシュをもらった人が、そのティッシュに書いてある広告を見て、そのお店まで行く確率は何パーセントかを想像してみてください。グループ投稿はそれと同じ世界です。

グループ投稿は簡単な作業で、ネットビジネス初心者でもすぐに取り組めますが、やれば簡単に組織ができるわけではありません。ただし、それでもこの方法が有効な手段であることは、今も街頭で、たくさんのティッシュ配りが行われていることを見ればご理解いただけると思います。

つまり、これは逆に言えば、数さえ追及すれば誰でも組織ができる手段であるということでもあります。

さらにこの方法の良いところは、「再現性」がとにかく高いという点です。ティッシュを配るように、ただ情報を貼ればいいのですから。

ただし、この方法には反応率以外に、もう一つ問題があります。過度な投稿を続けていると、SNS運営側から目をつけられて規制がかけられます。いわゆる「スパム」みたいなことばかりをやっていると、誰かに通報され、アカウントを凍結させられるような事態も起こります。

アカウントが使えなくなっては、作業が進められません。それを回避するために、アカウントを複数保有することも必要になります。

実は、アカウントはネットで安く買うことが可能です。最も簡単なのは、ヤフオクなどのオークションサイトでアカウントを買うことです。1アカウントが何百円程度の価格で販売されていますので、時間もかからず、即座にアカウントを増やすことができます。

ビジネスアカウントは、プライベートと分ける方が多いので、気にせずアカウントを大量に保有するのもいいでしょう。

次にリンクがブロックされた時の対応方法です。グループ投稿をする文章内では、自分の販売する商品へのリンクを貼っていきます。この時、コピペ作業で同じリンクを張り続けていると、そのリンク自体がフェイスブック側にブロックされてしまうこともあります。

ブロックされたら投稿すらできません。リンク自体を短縮URLで変えれば、一時的には解決しますが、フェイスブック側も利口なため、すぐにまた規制をかけてきます。

そうならないための一番簡単な方法は、あなたがお持ちの、他のSNSやLINE、ブログなど、違うサイトにいったん誘導をかける方法です。

コンタクトする手段を変えてから、セールスに持っていくというやり方ですが、実は、とても効果的です。

いずれにしても、即行動に移したい人は、どのようにすれば、それらを見た読者と接触し、やり取りができるかを意識して投稿してください。

フェイスブックを活用して組織をつくる方法②
～タイムラインの活用法

次にフェイスブックを活用した比較的王道と言われる、もう一つの方法をお伝えしましょう。それはタイムラインにしっかりとした記事を書くことです。

タイムラインとは、他の方があなたのフェイスブックに訪れた時に最初に目にする画面、つまり新聞の一面のようなページです。私のグループの中でも、成果が上がっているのは、このタイムラインに記事をしっかり書いていく方法です。

では、このタイムラインにどんな記事を書いていけばよいのでしょう。ここで大切になるのが「バックエンド」を決めることです。バックエンドとは、最終的に持っていく場所のこと。つまり見に来てくれた人を、どこに誘導していくのかを決めることが大切です。

では、ネットワークビジネスを売るという過程での、バックエンドを考えてみましょう。

まず最初に、タイムラインで出すのかという問題があります。あまりネットワークビジネスを前面に出したくないと言う人もいます。その場合、フェイスブックのタイムラインは、あなたの「グループメンバーになる見込み客を募るための場所」という位置づけになります。

その際一番良いのは、インターネットビジネスに関する記事を書くことです。副業を行う時、インターネットビジネスは非常に良いというような内容です。

ただ、インターネットの記事を書くにしても、あなた自身がネタにする記事を持っていないと時間ばかりかかってしまいます。もちろん、頑張って記事は書いて欲しいのですが、やみくもに時間をかけて書いて欲しいわけでもありません。

そもそも時間がかかってしまうのは、インプット量が圧倒的に足りないというのが原因ですので、あなただけの力では、すぐには解決できません。

したがって、時間をかけずに記事を書くための方法を考えた方がいいでしょう。まずは、ネタ元をしっかりと確保することが重要です。たとえば、ネタ元には、次のような場所が考えられます。

●メンターを見つける

やはり、良い記事を書いている人、あなたがメンターと思える人を見つけることです。その記事を参考にするのが一番です。

●媒体を変える

フェイスブックだけではなく、ブログであったり、メルマガであったり、とにかくフェイスブック以外の場所にも情報は落ちています。そういったところにある、いろいろな情報を参考にしてみるのもいいでしょう。

●書店に行く

私も実践していますが、書店に行くことをお勧めします。新刊が高ければ、ブックオフなどの古書店でもいいので、参考になる書籍を購入して、その書籍をうまく引用するのが良いと思います。

もちろん、丸ごとのコピーは禁止。あくまで参考にするという意味合いです。

文章がうまくなるコツは、へたでも遠慮せずどんどん書いてみることです。

初めからうまく書けるわけがありません。うまく書けないのはわかっていますから、書けないなりに書いてみてください。書くこと自体がとても重要です。書かないと、いつまでたってもうまくならないからです。

ネットMLMはほとんどの人が挑戦していないジャンルなので、少し勉強をして記事にするだけで、文章が少々へたであっても、「ためになりました！」との評価をもらえることが多く、とても励みになるとの声も聞きます。あなたも遠慮せず、どんどん書いてみてください。文章もどんどんうまくなっていくと思います。

そして、タイムラインに記事を書くことと並行し、ぜひやっていって欲しい大切なことが二つあります。

まず書いた記事を見てもらう友達を増やすこと。「友達」がいないと、あなたが熱心に書いた記事も誰も見てくれません。多くの人に見てもらうためには、友達を増やす作業をする必要があります。

初めは先ほど紹介した友達を募集しているグループで、ランダムに追加するやり方もいいでしょう。

ただ、属性が離れていると反応が取れにくいので、同じネットビジネスの属性で、良いと思った人の記事に「いいね」を押している人に対して、積極的に友達申請をしていきます。

自分が興味を持っている人の記事に「いいね」をしているので、友達になることができれば、あなたの記事にも「いいね」を押してもらいやすくなります。「いいね」を押してもらうことで、あなたの記事もどんどん拡散していくチャンスが増えることになります。

次に大切なのは、「いいね」コメント回りで交流を図ることです。ここでは、まったく知らない人に友達申請をして友達になっただけで、まだ良い記事を書けば反応があるという状態にはなっていません。あなたの記事に対して、ある一定の反応があるようにしていく必要があります。

あなたは友人から「いいね」や、「コメント」、「メッセージ」をもらったらうれしく思うでしょう。同じことを友達に対してやってあげるのです。

初め5，000人の友達がいるとします。そこであなたは日々、「いいね」「コメント」回りをどんどんして、交流を取っていきます。

こうすることで、その何割かの人があなたの記事に「いいね」「コメント」をしてくれます。

これをずっと繰り返していくことで、やがてあなたの記事に反応する人が増えてきます。

もちろん、スルーし続ける人もいるので、そのような人は、友達から外してもいいと思います。

外した分、また友達を増やして、同じように「いいね」「コメント」回りをしていき、良い記事を書いていく。

これをずっと続けてみましょう。この作業は、継続できない人がほとんどなので、続けるだけでも必ず成果が出ます。1年も続ければ、多くの反応があるフェイスブックに成長しているはずです。

フェイスブックを活用して組織をつくる方法③
～メッセージの活用法

ここまでフェイスブックを活用した方法として、「グループ投稿」の次に「タイムライン」に記事を書き込んで、そこで交流したり、相手の投稿に「いいね」を押し「コメント」を残していく方法をご紹介しました。

次に3つ目の方法として、フェイスブックの「メッセンジャー」を利用していくことで、組織を構築していく方法をご紹介したいと思います。これは比較的簡単です。

「メッセージを送る」とはどういうことか。これは読んで字のごとく、メッセージを送る、たったそれだけのことです。「フェイスブックメッセンジャー」というリアルタイムメッセージのやり取りが行なえるアプリを利用します。LINEやTwitterのメッセージ機能に近いもので、スマートフォン（iPhoneならApp Storeで、AndroidならGoogle Play）でアプリをインストールして始められます。もちろん、無料です。

メッセンジャーを使って、どんなメッセージを送ればいいのか。

まずここでポイントになるのは、このメッセージの段階では、ビジネス色は出さないようにし、あまりクロージングに近いようなセールスもしないという点です。最初からビジネス色を出してしまうと、受け取った側が不快に思い、ブロックしたり通報したりされてしまう可能性があります。

「でもそんなことしていたら、ビジネスの提案なんかできないじゃないか」と思われるかもしれませんが、役割分担する、というだけの話です。

ビジネスの情報は、メッセンジャーではなくタイムラインのほうで書いていくのです。

メッセンジャーで送る内容は、たとえば「初

FBを活用して組織をつくる方法

第１弾

・グループ投稿

第2弾

・タイムライン
・いいね
・コメント回り

第3弾

・メッセンジャー

めまして」とか、「仲良くなりましょう」といったシンプルな内容がいいと思います。そのうえで相手がレスしたくなるような面白いメッセージ、思わずレスで突っ込みたくなるようなメッセージを送るのがいいでしょう。

私のチームのある人は、ただ「やっほー」とだけ送るそうです。何だかわからないですよね。しかし、そうすると相手から「やっほー」とレスが来るのだそうです。要はこのくらい軽いノリであれば、相手も返事がしやすいということです。

これはあくまで例ですが、あなたなりに、返事がしやすい、したくなるメッセージのテンプレートを考えて、送ってみることです。

ただ、メッセンジャーの場合、多少の壁が存在します。たとえば、メッセージを送っても一向にレスがない。送りまくったらアカウントが凍結された、というようなケースです。

アカウントが凍結されるというフェイスブック側の規制に対しては、先述もしましたが、アカウントを増やすような手段も考えておきましょう。アカウントを増やしておけば、凍結リスクを避けることができます。

こうした準備を行ったうえで、メッセージを1日に何十通、何百通と送る。量にこだわることができれば、これだけでも十分に効果があります。

フェイスブックを使った組織のつくり方④
～グループ機能を使った販売法

フェイスブックのグループを自分でつくり、ネットワークビジネスの組織をインターネット完結で大きくする方法についてもお伝えしていきます。

グループ機能とは先述したとおり、共通の趣味や何かしらのテーマを持ったメンバーと情報を簡単に共有したり、写真を投稿したりしてつながることができるものです。LINEでいう「グループLINE」と似ていますが、このフェイスブックグループを使って、仕事の内容などを共有する人たちも多く存在します。誰でもつくることができ、費用は一切かかりませんので、皆さんもぜひ一度つくってみてください。

ここまで、「いいね」や「コメント書き」、「タイムライン」や「メッセンジャー」を使った「集客・教育」についてお話ししてきましたが、次の段階ではいよいよ「販売」に進むことになります。

ここでもぜひ活用してほしいのが、このフェイスブックのグループ機能です。販売の段階になった時、まだ友達になりたての方もいます。そういった方に向けて、あまりセールス色が強いメッセーズを送り続けると、その人たちが離れていってしまいがちです。

そこでグループを別に作成し、そこに誘導していきます。なぜ、別のグループに誘導するのかというと、別のグループだけの情報を流すことで、そのグループに所属する方に「限定感」や「特別感」を持ってもらうためです。

皆さんがビジネス系の投稿をする場合、まず初めに、「今日はとんでもない情報を手に入れた！」というようなビジネス系の記事を書きます。

次に、「この情報は興味がある方だけにお伝えしたいので、興味がある方はメッセージをください！　秘密の部屋にご招待します！」というようなコメントを書き、メッセージをくれた方のみ「秘密のグループ」に招待するのです。

このように、あえてひと手間をかけることによって、情報に「限定感」や「特別感」が出て、価値が高いイメージを植え付けることができます。逆に一般公開だと誰でも入れますので、情報の価値は下がってしまいます。

そしてこの「秘密のグループ」内で初めてセールス色の濃い記事を書いていきます。ここまでくる中で集客・教育を自分のタイムラインで行ってきたのであれば、ここでセールス色が濃くても問題はありません。

基本的にグループにはコアなファンが参加しているというイメージが望ましいでしょう。

他にもグループにはいろいろな機能があるので、活用できるものをいくつか紹介していきます。

イベント作成機能

イベントをつくることができます。もし、みなさんがリアルで集客をしているのであれば、リアルな交流会やセミナーなどのイベントに対するイベントページを作成し、そこに誘導していくようにします。

このイベントページを通して、グループの参加者に対して招待をするというやり方は、広く使われています。

フェイスブックライブ機能

動画を使ってセールスをしていくこともできます。セミナーもWeb上で行う「ウェビナー」（※1）という形にしてみるといいかもしれません。限定的に何か動画を公開するということもできるので、これをうまく活用していきます。

このように、ひと手間かけて、グループに誘導しているので、その分、グループ内では一歩踏み込んだ情報を提供していけば、さらに良いと思います。そして、グループの中でしっかりセールスをかけ、みなさんが持っていきたい方向に、グループを導いていけばいいわけです。

※1．ウェビナー
ウェブ（Ｗｅｂ）とセミナー（Ｓｅｍｉｎａｒ）を合わせた言葉で、動画を使ったセミナーをインターネット上で実施すること。

メルマガを使って組織をつくる方法

ここではメルマガを使った、ネットワークビジネスの組織のつくり方についてお伝えします。メルマガとは、メールマガジンの略です。このメルマガをうまく駆使して組織をつくっていきます。

まず、ステップメールを使った方法です。

たとえばあなたが何か情報を得ようとして、なんらかの登録フォームにメールアドレスを入力したとします。すると、登録したその日から毎日毎日メールが来たような経験はありませんか？　これがステップメールです。メールは毎日コツコツと手動で送るのではなく、あらかじめ原稿をセットしておくと、自動的に送信される仕組みです。

今日あなたがメルマガに登録したとしましょう。ステップメールを登録した今日が、1通目になる仕組みです。1年前に登録した人は、1年前のその日が1通目になります。そして、あらかじめセットした原稿のシナリオが1話、2話、3話、4話として送られて来るのです。なぜ、このステップメールが重要なのか？　それは、単純に1通のメールでは成約が決まらないからです。だからこそ、何通も送り続ける必要があります。

このステップメールは、信頼関係を築くのが目的です。そのため、メールの内容も信頼を得るためのシナリオをつくることが大切です。

ビジネスでも恋愛でも一緒なのですが、「ここで決めたい」という流れがありますよね。その最後の「決め」まで持っていくためには、シナリオがとても大事になってきます。

もし、これがステップメールではなく、通常のメルマガだったとしたらどうでしょうか。その1通のメルマガを開いた時に、セールスしまくりの内容だったら？　当然ですが、即座にブロックされてしまうことでしょう。

これは実際に人と会う時も同じはずです。会っていきなり何かを売り込まれたら誰でも不愉快になります。

初めて顔合わせをする時は、まずはあいさつから、つまり自己紹介から始めなくてはなりません。

2回目は、今どんなことをしているのか？

3回目は、今やっていることの現状、悩みを聞き出す。

4回目に、悩みを解決する方法を提案する。

などと回数を重ねることで、徐々にビジネス色を入れていくことが望ましいと言えます。

これも恋愛と同じではないでしょうか。会っていきなり、「好きだよ！　結婚してくれ！」なんておかしな話です。

まずは、人間関係をつくっていき、少しずつ仲良くなってから告白するのが自然な流れです。つまり、ビジネスも恋愛もシナリオがあるわけです。

告白するタイミング（売るタイミング）を自由に設定できるからこそ、ステップメールで送られるメルマガをつくり込む必要があり、そうすることで効果を得ることができるようになるわけです。

ステップメールは、その信頼関係を築くためのシナリオを設定した上で、専用のメルマガスタンドを使って送ることができます。

売るタイミングも自分で設定することができるので、早い人で2～3日で成約する人もいます。長い場合で1～2週間かける場合や、それでも商品が伝わりにくければ1～2か月かけて行う場合もあります。

教育にあたるのがメルマガ

よくネットワークビジネスの世界では「集客・教育・販売・フォロー」の流れについて語られますが、この「教育」の部分に当たるのがメルマガです。メルマガに登録してもらうまでが「集客」の部分になります。メルマガに登録してもらい、そこから開拓し、引き込むのがこの「教育」の役割です。

毎日メールを送るのにも理由があります。毎日送られてくるメールは、ある意味で安心を覚えます。これを「ザイアンス効果（※1）」と言います。人が人を信用する時の尺度では、その人に会った回数や期間が問われてきます。

メルマガもこれと同じで、ある一定の期間にメールを送り続けることで、一つの信用を築くことができます。つまり、毎日しっかりと送られて来ることは信用なのです。

メルマガで信頼関係を築き、教育をしっかり行ってこそ、最終的に「販売」がうまくいくのです。

ステップメールを活かすためには、まずブログやＳＮＳ、通常のメルマガで、まずはリストをつくるための集客から始める必要があります。

リストが集まったらステップメールを送って信頼関係を築き、最終的に売り込むためのセールストークを含ませていく。この流れで販売が成立することになります。

ここで送るメルマガについても、開封率を上げることや成約率を上げることなど、勉強しないといけない事柄はたくさんあります。また、そのための文章テクニックも重要になってきます。

※1・ザイアンス効果とは？

繰り返し接すると好意度や印象が高まるという効果。1968年、アメリカの心理学者ロバート・ザイアンスが論文Zajonc（1968）にまとめ、知られるようになった。

LINEを活用して組織をつくる方法

LINEで組織をつくるためには、初めに友達を増やすことが必要です。友達を増やさないと、誰にもアプローチできません。友達を増やすには、一般的にはSNSからLINEのIDを取ってくる、または向こうから申請が来る状況をつくるということが重要です。

フェイスブックを利用しLINEへの誘導をする場合、次のようなメッセージを送ります。

「私、LINEやっているので、興味がある人はこちらに友達登録してください」

そうして、こちらから促してLINE交換をします。またこんなメッセージも有効です。

「登録いただいたら〇〇をプレゼントします」

このような無料特典を付けて、LINEに登録してもらう方法です。

以上の例のように、とにかく友達を増やす方法をいろいろと試してみてください。繰り返していけば、必ず友達は増えていきます。

おさらいすると、これは、こちらからメッセージを送る「プッシュ」(PUSH)という方法ですが、次の段階では、向こうから来る「プル」(PULL)の状況にします。

これからあなたは、バックエンドでいろいろな商品を売っていきます。ネットワークビジネスを売っていく際も、できれば自分から売り込むのではなくて、向こうから買いたいと言ってもらえる状況が最高です。では、どうやったら、「集める」ではなく、「集まる」「向こうから来る」状態にできるのでしょう

「プッシュ＝押す」は、自分から営業をかけるイメージ。

「プル＝引く」は、自分から営業せず待ち構えるイメージです。

どうやったら向こうから来るのか？　そのためには向こうから来てみたい、という状況をつくらないといけません。

お店にたとえるなら、まず看板を出しているのか、出していないのかということが重要になります。看板や暖簾《のれん》があるかないかでは、来客の状況は全然違います。

看板もない、暖簾もないでは、誰も入って来ないのは明白です。一方で、看板や暖簾が両方ともあれば、時には人が興味を持ち、入って来る可能性が高くなります。

つまり、あなたが向こうからアプローチされる状況設定、看板や暖簾をかかげることを、

まず初めにやっておく必要があります。

この時に使うのは、タイムラインが最良です。自分自身のプロフィール設定やタイムラインをまずしっかりここでつくり込んでいくということです。そこで向こうからメッセージが来る状況をつくっていきます。

大切なのは「向こうからどうやったらメッセージが来るのか?」を意識して文章を書いていくことです。これをまず心がけましょう。

その上でベストなのは、向こうから「スタンプ」や「いいね」、「コメント」をもらうことです。

では、このような「スタンプ」や「いいね」、「コメント」をもらうには、どうしたらいいのでしょうか。

それは、まず自分がしてほしいことを、他の人にしてあげることです。

つまり、あなた自身も誰かと「友達」になれば、たくさんの人のタイムラインを見ることができます。そこに「スタンプ」や「いいね」、「コメント」をしていくことを繰り返せば、逆に返って来るようになるということです。

これを繰り返しながら交流を続け、スタンプやコメントのやり取りをしていく中で、本当に興味がある人は、あなたにメッセージを送って来ます。

つまり、相手から来させるプル型を構築するには、相手のタイムラインを通じて「友達」としてコミュニケーションを取るということが基本です。

そうすることで、向こうからもたくさんのメッセージが来るようになります。

もう一度まとめてみましょう。ＬＩＮＥでネットワークビジネスの組織を構築するには、

- 「友達」を増やす
- 記事を書く（プロフィールやタイムライン）
- コミュニケーションを取る

このあたりが全部できれば、次は、上級編です。

相手からメッセージが来るようにするには

①：きっちり書き込む

②：コミュニケーションを取っていく

“向こうからじゃんじゃん
メッセージが飛んで来るようになります”

LINE公式アカウントを使った組織のつくり方

ネットワークビジネスでは、今やLINE公式アカウント（旧LINE＠）が欠かせないツールとなっています。ここではLINE公式アカウントでの組織のつくり方について、お伝えしたいと思います。

LINEとLINE公式アカウントの違い

そもそも、LINEとLINE公式アカウントは何が違うの？　と疑問を抱かれるかもしれません。LINE公式アカウントはLINEに＋αの機能が追加されているものです。LINEとは別に、LINE公式アカウントの管理ページからアクセスする必要があります。

では、LINE公式アカウントにはどのような機能があるか、主なものを紹介します。

LINEとLINE公式アカウント共通の機能について

①タイムラインの存在
「友達」に対してタイムリーな情報を共有することができるものです。
②トーク
「友達」と1対1やグループで、会話ができるものです。これはLINEの主要な機能です。

LINE公式アカウントの＋αな機能

③一斉配信
大勢の人に一斉にメッセージを送ることができます。
④LINEステップ
ステップメールのようなものですが、LINE公式アカウントで提供されるのは、登録時のあいさつメッセージとキーワード入力時の応答メッセージです。ステップ形式に自動でメッセージを送信するには、LINE社外のステップメールサービスへの登録が必要です。

機能を理解していただいたうえで、本題の、LINE公式アカウントを使った組織づくりについて説明していきます。

①タイムラインの利用

見た人が興味を持つような投稿をします。

投稿内容が良ければ良いほど、見ている人が興味を持ってくれるので、しっかり書き込んでいきましょう。

②トーク

これは、相手から連絡が来た時に送信するレベルでかまいません。LINE公式アカウントには「一斉配信」をする機能がついていて、私も定期的に一斉配信をしています。そうすると、読者のうちの何割かが、メッセージを返してくれるようになります。その時に1対1のこの機能を使うことになります。

③一斉配信

この「一斉配信」をどう使うかによって、成約率が変わってきます。LINE公式アカウントの「一斉配信」は、メルマガと同様に、たった1回のアクションで不特定多数の人にメッセージを送ることができるので、ここは上手に使っていきましょう。

では、どんなメッセージを送ればよいのか、わからないということであれば、絶対的に情報量が足りないということです。まずはいろいろな人のLINE公式アカウントに登録し、どのようなメッセージが送られてくるかを見ることです。

先ほど紹介したフェイスブックもそのような目線で、もう一度見てください。営業をかけている業者の多くは、LINE公式アカウントに誘導しています。あなたもどんどん友達申請（その人のLINE公式アカウントを追加）して、実際のメッセージをチェックしてみることが重要です。

もし、その人やその後に来るメッセージが嫌だったら、ブロックすればいいだけです。どんどん申請して、どんな文面を送ってくるのかを、まずチェックすることが重要です。

④LINEステップ

LINEステップとは、一斉配信だけではなくて、ステップメールのようにLINEを配信できるシステムです。

LINEステップは登録された日から起算して、1日目、2日目、3日目、4日目という形でメッセージが届けられますが、LINE社外で提供される有料のサービスです。

今までは、メルマガなどを活用し、次にステップメールが導入され、メルマガ配信スタンドを借りてやっていたりするケースが最良の形でした。

これがLINEでもできるようになったわけです。ただし、有料のサービスが多いです。LINEステップを使う場合は、LINE社外の有料サービスを活用するか、自社でシステム構築する必要があります。

LINE公式アカウントでは様々な料金体系が用意されていますので、詳しくは、最新情報を確認してください。

また料金以上にやっかいなのが、システムを構築する場合、そのスタッフも用意しなければならない点です。

逆に言えば、毎月の費用とスタッフの成果

LINE公式アカウントの流れ

①:定期的に一斉配信　②:読者が返信をくれる　③:１対１のトークを使用

たった一回の配信でメルマガのように
不特定多数にメッセージを送ることができます！

報酬、あるいは固定費を払うことができれば、実行できるものでもあります。

このLINEステップがあると、本当にさまざまなことが可能になります。これまで王道とされていたステップメールが、LINE公式アカウントでできるようになるわけです。その可能性は非常に大きなものです。

やや宣伝になりますが、私が行っているビジネスでは、すでにその仕組みに入っていますので、会員のみなさんはLINEステップを自在にビジネスに活かしています。

LINE公式アカウントは、うまく活用することによって、メルマガよりも開封率が上がります。そしてPCメールのやり取りなどに比べると、コンタクトしていく中で、はるかにやり取りがスムーズとなります。

こうしたことを考えると、LINE公式アカウントを導入すると絶対的に成約率が上がっていきます。

私の手元にも統計的なデータがありますが、メルマガより10倍どころか100倍近く成果を出すことができるケースもあります。

ただし、LINE公式アカウントでもLINEでも、情報を提供するには、まず「友達」を増やさなければ意味がありません。プロフィール設定をして記事を書くことができたとしても、友達がいなければ意味がありません。

友達はあなたの書くタイムラインやメッセージを読んでくれる「読者」です。どんなに良いプロフィールや記事を書いても、読んでくれる人がいなければ……。

読者を増やすには、SNSなどで「導線」を張って、そこから誘導する方法を考えていきましょう。

一般的に多いのは、「今回特別に○○をプレゼントします！」とか「○○という極秘な情報を入手しました」など、LINE公式アカウントに誘導し、リストアップをしていくパターンです。

LINE公式アカウントを活用する流れ

LINE公式アカウントで組織をつくる流れとしてはこのようになります。

SNSからLINE公式アカウントに誘導する

↓

LINE公式アカウントのタイムラインに、見た人が興味を持つような投稿をする

↓

一斉配信をうまく活用する

←向こうから連絡をくれた人には１：１でやり取りする

←できる人は、有料の機能であるＬＩＮＥステップを使い、メルマガのように配信する

イメージが湧《わ》かない、どんなメッセージを送ればいいのかわからない、という場合は、自分がまず、ＳＮＳ上でＬＩＮＥ公式アカウント誘導をしている人のＬＩＮＥ公式アカウントに、たくさん登録して、実際に送られてくる内容を確かめてみましょう。

セミナーを活用した組織のつくり方①
～セミナーの価値を理解する

私のセミナー歴はとにかく長期にわたっています。ずっとセミナーで生計を立ててきたといってもいいほどです。とにかくしゃべることに関しては、文字数でも世界一ではないかと思えるほどです。

2時間というセミナーの枠があるとしたら、一体どこで息継ぎをしているのかというほど早口で、何を言われているのかわからない。普通に再生しているのに早送りと変わらない、などといろいろと言われています。

ネットワーク業界を一時期離れたこともあり、その時は他の仕事をしていましたが、その期間もセミナーだけはやっていました。よって、セミナー歴はもう20年以上という長い期間になります。では、なぜ私は、それほど長期間にわたってセミナーをやってきたのか。

セミナーにはさまざまな意味があります。「今の時代はネットワークビジネスだってインターネットで展開するのだから自分は関係ない」と思われる方もいるかもしれません。

しかし、たとえば「O to O〈Online to Offline〉マーケティング」といって、オンラインとオフラインをうまく融合することによって、効率よくビジネスが展開できるケースも多いことを、ぜひ覚えておいてください。

またあなたがオンラインで活動していても、やっぱり会って、しゃべって、勉強してという形を喜ばれる方もたくさんいらっしゃるはずです。

私は常々ネットMLMは役割分担だと言っています。自分ができなくても、できる人がやればいいし、自分が行けなくても、行ける人が行けばいいと思っています。

だから頭を柔らかくして活動していくのが良いと思います。今の時代のやり方は、ネットMLMだから会う必要はない、セミナーも必要ないという考え方は間違いだと思います。どちらもうまく活用することで、最大限の結果を引き出すことができます。

では、改めてそのセミナーについてですが、まず、セミナーの価値を理解していただく必要があります。先ほども言いましたが、私は20年以上もずっとセミナーをやってきました。

セミナーの必要性とは、一番は効率化だと思います。たとえば世の中には、月に1万円の商品をメインに販売するネットワークがたくさん存在しています。そういった仕事の場合、1対1でお茶代をかけてやっていると、1件ごとの売り上げは、赤字になってしまいます。

値段が安いということはとても良いことですし、1対1の関係も本来、素晴らしいものです。しかし、多数のアポが入っている場合や、1対多数のほうが、相手も気軽に登録できるという側面もあります。ですから、セミナーを活用している人の多くは、基本ベースを1対多数にして、ネットで集客してリアルオンラインでセミナーに誘導をかけていき、オフラインの場面でしっかり契約を取っています。そして、登録後はオフラインでまたサポートするなど、OtoOを非常にうまく活用しています。

さらに、私がセミナーをする理由があります。

会わないと伝わらない、感覚の問題です。私はセミナーを行うとよく言われることがあります。「やっぱり生《なま》で会う村井さんがいい！」という言葉です。ライブ感が全然違うのです。情報が入ってくる角度も違います。もちろん2、3人のためのセミナーだったら非効率だと思います。ですから普段はネットで組織をきちんとつくっておき、どこかのタイミングの良い時にセミナーを行えば、とても効率的だと思います。

また、教育という側面でもセミナーの効果は大きいと思います。私はセミナーを「知らない」から「知っている」に変えるためにやっていますが、それだけではなく、人間関係を育てる効果もあります。ネットMLMの場合、私のチーム内でも、私のことを知らない人がいます。しかし、セミナーを通して会ってもらえば、私のことを知ってもらう機会になります。

人間関係もできるでしょう。

ライブほどではないですが、ZOOMやフェイスブックライブ等のウェビナーでもライブセミナーに近い親近感をつくることも可能です。

人は最後は理屈ではなく、感情で動く部分もあります。○○さんのために、という側面があります。セミナーを通して人間関係ができ、ある程度コミュニケーションが取れてくると、「みなさんのために」とか、「○○のために」という要素が出てきます。

「○○さんのタイトルがかかっているから、今日のセミナーは何とか動員しないと」といった意識も働くようになってきます。

モチベーションの底上げや空回り防止、一般的な教育、新規向けの営業。とにかくネットワークビジネスは、営業と教育のシステムが重要で、その両方をかねているのがセミナーなのです。

そして、セミナーは参加するBさんにとっても、しゃべるAさんにとっても貴重な勉強の場となります。Bさんは営業を学ぶことができ、何度も聞いているうちに、自分がしゃべり手となるための素地を身につけることができます。Aさんにしても、アウトプットすればするほど、どんどんスキルが上がっていきます。

セミナーを活用した組織のつくり方②
～パワーポイントとカンペの活用

ここでは、「セミナーは誰でもできる」ということをお伝えしたいと思います。もちろん、あなたにもできます。そして、セミナーは本当に効率がいいのです。

セミナーでしゃべった経験がなくとも、パワーポイントを活用すれば、あなたもセミナーが簡単に行えます。パワーポイントの使い方がわからない……というのでは、ちょっとお話にならないのですが、そのような人は、とにかく簡単なので一回使ってみてください。

テンプレートが用意されているので、それに文章を入れていけばセミナー資料をつくることもできます。私も誰からも教わらず、自分で考えて使っています。

まずはパワーポイントを利用して、手元に用意したカンペを100%見ながらしゃべることを覚えましょう。実はパワーポイントには、カンペ機能が用意されています。しゃべりたいことは、すべてパワーポイントのカンペ欄に書き込んでおき、スライドを表示させながら、自分だけは手もとでカンペを見ることができる機能です。もちろん、放映されるスライドには、カンペは映りません。相手には知られず、全部読み上げることができるので、誰でもすらすら話すことができるわけです。

「えっ？　それだけ？」と思うかもしれません。しかし、セミナーで一番ダメなのは、何もしゃべれないことです。

そして、手元のカンペを100％見ながらしゃべることができるようになったら、次はカンペを見つつも、徐々にパワーポイントのスライドショーを見てしゃべるようにしましょう。

もう一つ言うなら、さらに練習を重ねて、仮にカンペを読むにしても、読み上げている感じではなく、そこに感情を乗せていくようにしましょう。単に読み上げているのか、感情を乗せているのかで、相手への伝わり方が大きく異なります。

このように少しずつステップアップしていけばいいのです。

このパワーポイントを活用した方法は、リアルなセミナーでなく、ネットでセミナーをやる場合にもとても便利です。通称「パワポ動画」と言われるものですが、このパワポ動画の良いところも、カンペを見ながらしゃべれることです。

この場合、あなたはの顔は一切出ません。出すのは声だけですので、じっくりカンペを見ながらしゃべれば動画が完成します。ネットであれば、でき上がった動画をＹｏｕＴｕｂｅ

に上げたり、アップしたＵＲＬを相手に送ればそのまま動画を見てもらうことができます。

作成する動画は長さも重要です。だらだら1時間、2時間というより、短時間で集中した内容のほうが良いでしょう。ネットならセミナー動画は濃厚なので、10分程度がベストです。ただ10分だと、伝えたいことが多くなってくると、徐々に足りなくなってくるはずです。そうなった場合に初めて15分、20分、25分と時間を増やしていけばいいのです。最初から1時間、2時間と考えるのではなく、集中した10分、15分、20分と増やすことを私はお勧めしています。

その中で、「自分は、これでもう完璧だ」という、あなたの原稿をつくり上げていくのです。まずは、読み上げる原稿を完成させてから、それを半分、3分の1、4分の1の量にしていきます。そうすることで、いらない部分が削られて凝縮され、とても濃厚で真に必要なことしか入っていないパワポ動画が仕上がります。

この方法は、普段しゃべっている1～2時間を10分に凝縮するので、話もまとまっており、聞いている側も聞き応《ごた》えがあるので、私自身も大反響をいただいた記憶があります。

前述しましたが、基本的に、ネットビジネスでもリアルビジネスでも最後は自信と言い切りです。何をしゃべっているかではありません。

とくにネットMLMは、言ってしまえば相手の中では非常識の存在です。非常識なことを伝えているのですから、もともと答えはありませんし、正解もありません。

たとえば、カラオケで相手が知っている曲を歌うとします。相手はその曲の歌手本人が歌う姿を知っています。それをあなたが歌ったら当然、本物と比較されてしまいます。

しかし、ネットワークビジネス、それも新しい時代のネットMLMについて、相手は内容を知りません。

ですから、あなたは自信をもって「好き勝手」にしゃべればいいのです。カラオケにたとえるなら、誰も知らない曲を歌うのと同じ

セミナーを活用した組織のつくり方

①：スライドをつくる

②：カンペを見ながらしゃべる

③：あとは練習するのみ

"何も怖くありません！"

です。

しゃべれなかったらどうしよう？　言葉につまったらどうしよう？

このような心配は、パワーポイントとカンペの活用で無用です。とにかく自信を持ってしゃべりましょう。肩の力を抜いて、一度自撮りしてみるのもいいでしょう。気に入らないなら何度もカットして、また撮り直せばいいだけの話です。

自分で動画を見て、修正していけば成長します。人間は成長する生き物です。そして、成長したほうが得をします。自信をもってセミナーにチャレンジして欲しいと思います。

セミナーを活用した組織のつくり方③
～Webセミナーのメリット

Ｗｅｂ上のセミナーについて、もう少しお話ししたいと思います。

最近は本当に便利になりました。ＹｏｕＴｕｂｅにもリアルタイムで動画を配信する機能（ＹｏｕＴｕｂｅライブ）が付きましたし、ＳｋｙｐｅやＺｏｏｍなど、ライブで映像を配信できるツールがたくさんあります。ＬＩＮＥまでライブ映像の配信（ＬＩＮＥ ＬＩＶＥ）を始めています。

こんなことを言うと、古い人間と思われるかもしれませんが、私はこの業界にすでに20年以上もかかわってきていますから、まだ「パケ放題」がなかった時代を知っています。

そんな時からやっていましたから、今の動画配信サービスの充実ぶりを見ると、とんでもないと思います。本当に素晴らしい。こういった動画配信サービスをうまく活用し、Ｗｅｂ上でセミナーを行えば、以前には考えられない効果を上げることができます。

新規向け、メンバー向けどちらでも結構です。以前なら、わざわざ貸し会議室を借りて、「ここに集合！」とやっていたところを、ＷｅｂだったらＵＲＬを送るだけでいいわけです。何時何分にＷｅｂでセミナーをやるからと、ＹｏｕＴｕｂｅのＵＲＬを送っておけばいいのです。貸会議室の代わりに、ＷｅｂセミナーのＵＲＬが会場になっています。ＹｏｕＴｕｂｅに限らず、とにかくみなさんにとって活用しやすい、こうしたツールをぜひ使って欲しいと思います。

現在、私のチームの「新規」登録完了者は月に1、０００人を超えています。そのペースはさらに大きくなっていますが、実は、そのうちの半分がＷｅｂセミナーによって新規登録されたものです。

それゆえ、Ｗｅｂセミナーは絶対にやったほうがいい。

Ｗｅｂセミナーが終わったあと、リアルなセミナーでBさんがフォローを行っていくのと同時に、電話をかけるなどの方法で、登録に導いていくこともできます。

さらに教育の方でもＷｅｂセミナーは効果的です。

素晴らしい話ができるアップラインの人は人数が限られています。サイド系列のリーダーも、たとえみなさんがコストをかけて会議室を用意したとしても、時間をかけてやって来ることは、なかなか難しいケースが多いでしょう。

しかし、Webセミナーだったら、アップラインの人が拘束される時間も最小限ですみます。

その最小限の時間で、講師も簡単に呼べるし、ゲストも呼ぶことができます。多くの人にレベルの高い話を聞かせることができるのですから、簡単に集客にもつながります。

以上から新規向け、メンバー向けいずれにしても、Webセミナーを活用することによって組織を飛躍的に拡大することができます。これは私自身が体感したことです。

ぜひみなさんも、Webセミナーをうまく活用してください。

Webセミナーのメリット

“URLを送るだけで済む”

①：会議室を借りるコストがいらない

②：準備の手間が省ける

③：足を運ばなくていい

セミナーを活用した組織のつくり方④
～セミナーのビフォーアフター

ここまで、セミナーについてお話しをしましたが、新規向け、メンバー向けに行っていく中で、結局大切なのは成果を上げることです。ここでは、成果をより上げるための方法をお話ししたいと思います。

セミナーでは何が重要なのか。まず参加者にとって必要な情報を提案することができれば、参加者にとって意味のあるセミナーになります。そして、成果が上げられる。このことが基本です。

新規向けにリアルな新規事業説明会を行った場合、そこにはどんな人が来るでしょうか。まずは集客を行った組織内のBさんが、どんな方が来るのかをきちんと把握していることが重要です。そして、その事前情報を話し手であるAさんにしっかりと提供できたら、Aさんもなるべくその方々をイメージしてお話しすることができます。

こうすることで、セミナーは参加者にとって意味あるものになりますし、成果につながることになります。

インターネットなどで、セールスレターを使って集客する場合でも同じです。Aさんがセールスレターに書いてあることに沿って話をしたり、レターの内容から、おそらくこんな方が来るであろうという「ペルソナ（人物モデル）」をターゲットにしゃべることで、参加者に的《まと》を射た話ができるようにもなります。

メンバー向けだったら、Bさんがしっかりグループの現状など、事前情報を講師役のAさんに伝えることで、今の悩みの問題解決、気付きのきっかけ、モチベーションを上げる、といった、しっかりとした目的をもったセミナーにしていくことができます。

そして、セミナーを行う場合、私は当日のビフォーアフターにこだわれとよく言っています。ただなんとなく、ゲストをセミナーにつれて来ればいいというわけではありません。

また、メンバー向けのセミナーだとしても、参加する側は、メンバーであってもCさんなので、そのメンバーをセミナーに集客したBさんは、その役割をしっかり果たす必要があります。

それはどのような役割なのか。Bさんの役割は、参加者であるCさんがきちんと話を聞く態勢をつくることです。そのためには、セミナーの意味、価値を伝えて参加する人の心構えをつくることが重要です。ただなんとなく聞く2時間と、心構えをつくり、集中して聞く2時間とでは、頭に入っていく内容が全然違います。

ビジネスとはいっても、いつも遅刻して参加したり、セミナーにただ呼ばれたから来ました、といった軽いノリで参加する人もいます。一方で、セミナーでは、人生を変えるきっかけになる話を伝えていくわけですから、その価値をしっかりと伝えるために、話を聞く前に心構えをつくっていく必要があります。時間に余裕があれば、事前に講師を紹介するのもいいでしょう。

セミナー中は、Bさんも話を集中して聞きましょう。CさんにとってBであるあなたは鏡なので、あなたが集中していればCさんも集中します。Cさんに最前列で話を聞いてもらいたいのであれば、あなたもCさんの隣、最前列で聞きましょう。できれば、一番最前列を率先して陣取るくらいのことが必要です。

その行動が、これから聞く話の素晴らしさを表すことにもなります。私も業界に入り立ての頃は、名刺入れを置いたりして、場所取りを行いました。

そして、集中して話を聞いたあとも重要です。ただセミナーを聞いて終わりでは意味がありません。セミナーが終わったら、今度はセミナーの成果を上げるための行動が必要です。

新規向けであれば、クロージング（顧客との契約）に入っていかないといけません。メンバーさんなら、行動に変化がないと意味がありません。CさんはAさんの話によって、いろいろな気付きをした状態です。

しかし、このまま家に帰してしまったら、変化のないままの状態です。

たとえば、あなたは、他の人の話を聞いてどれだけ覚えていますか？　それを自分のノウハウとしてどれだけしゃべれますか？

やはり、聞いた話を声に出してしゃべり、繰り返し意味を考えて、行動に反映させないと忘れてしまいます。

要は記憶にとどめるレベルにないとダメということです。新規の人は、話を聞いても3日で全部忘れてしまいます。

つまり、新規の人であったら、記憶レベルに残っているうちに、しっかりクロージング

セミナーの「心構え」：ビフォー

- セミナーの意味を伝える
- 価値を伝える
- 集中することの大切さ

「セミナーを集中して聞いてもらうための」
ビフォーを意識しましょう

して、即決してもらう必要があります。

メンバーさんだったら、話の内容を行動の変化につなげていく。

セミナーの講師が言っていた話を行動計画とし、変化してもらうようにお手伝いをしてあげる必要があります。

そうやって、成果につなげていくことが重要です。

セミナーの「心構え」：アフター

■ 新規向け：
クロージングをかけていく
・記憶が残っているうちにクロージングをする

■ メンバー向け：
行動の変化がないといけない
・行動計画の手伝いをする

セミナーを活用した組織のつくり方⑤
～参加者を増やす、集客の方法

セミナーについての最後に、参加者を増やす、集客についての話をしたいと思います。

セミナーは集客ができないと、成果も伴いません。参加者がたった3人というのでは、なかなか数字にはつながっていきません。

では、たくさんの人を集めようと思ったら、どうしたらいいのでしょうか。

今はネットMLM時代なので、以前に比べ、だいぶ簡単に人が集まるようになりました。

ネットの最大の利点は場所を取らないということです。場所を問わず自宅にいながらセミナーに参加ができるので、時間が遅くてもセミナーに参加できるようになりました。WebやLINEでセミナーに参加できるわけですから、動員も格段に声をかけやすくなりました。

しかし、そんな便利なシステムを活用する前に、まず根本的な問題について考えておく必要があります。

繰り返しになりますが、私は、集客というのは「集める」ではなく、「集まる」のだという話をよくします。

セミナーを主催したら、自然にみなさんが集まる。システムを活用する以前に、そんな組織をぜひつくっておきたいものです。

では、どうしたら、そのような組織ができるのでしょうか。この時に問われるのが、日々の自分の行動と組織に対する教育です。

まずあなたが相手に何をしゃべるかをおさらいしましょう。あなた自身の知識を豊富にして、相手のためになる話をすることが大事です。要は、また参加したくなるセミナーを開くことです。

その努力をせず、全部手抜きで適当にやっていたらどうでしょう。あの人の話は全然価値がない、意味がないと思ったら、当然、次は来てくれません。そのような状態で人を集めようと思っても、毎回、ゼロから集客で悩むことになります。

一方、あの人のセミナーは外したらダメ、また行かないとダメ、というところまでセミナーのレベルを上げることができれば、自然と人は集まり続けることになります。そして、そのようなセミナーを開催できれば口コミで広がります。流行《はや》っているラーメン屋のように、客が客を呼ぶようになるのです。

つまり、集まる理由をつくる、ということです。そのためには自分のスキルをまず引き上げることが重要です。スキルがあるうえで、ブランディングもしていきます。カリスマ性などの、しっかりした自分自身のブランドができていることが大切です。


次に大切なのは組織に対する教育です。セミナーを軽視する人が多いから、人が集まらないというケースが多いのです。ただしそれは、そもそもセミナーを軽視してしまう組織をつくったあなたが悪いとも言えます。まず、あなたの考え方から修正しましょう。

あなたは、グループに対して、なぜセミナーが重要なのかを伝え続けなくてはなりません。そもそもセミナーがなかったらどうなるか？　あなたには、まずそれをわかって欲しいと思います。

セミナーは、重要な環境の一つです。そのことは、セミナーに参加した人ならわかると思います。

質疑応答もできるし、他系列のリーダーと情報交換・共有もでき、そこには計り知れないくらいのメリットがあります。

いくらネットが素晴らしい、会う必要はないといっても、それはあなたの考えで、グループの人が例外なく同じように考えているわけではありません。１００人いたら１００通りの考え方があります。

仮にあなたが、セミナー嫌いでもグループはそうではない可能性もあります。ですから、「行ける人は必ずセミナーに行こう」という意識づくりをしておくのも大切です。普段から「なぜ必要なのか？」をメンバーに対してしっかり伝えていく必要があります。

そもそもあなた自身、なぜセミナーが必要なのかわかっていますか？

結局は、変わらないとダメだからです。今の自分でうまくいくのだったら、すでにうまくいっているはずです。でも今の自分が最高タイトルを目指そうとした時、今の自分の延長ではいけるイメージがもてない。もしそうなら、変わるきっかけを他からもらわないといけません。

そのきっかけこそがセミナーです。よって、たとえWebセミナーでもいいから参加して、変わるきっかけをつかまないとダメなのです。

それはあなたのグループのメンバーも同じです。メンバーの皆さんは、気づきやきっかけをもらったほうがいい人たちばかりのはずですから、しっかり学ばなければなりません。それがグループのスタンスであるべきです。

とはいえ、個別に電話応対などで教えるような方法では、非効率です。だからこそセミナーが重要なのです。

セミナーには「なんとなく出よう」ではなく、物理的に難しい状況の時以外、基本参加というような考え方をあなたも持つべきだし、グループ全体にもそのようなマインドをもたせるべきです。

私は、動員力は組織力だという話をよくします。どれだけの人がセミナーに参加できているのか。Ｗｅｂでも結構ですから、数字を上げ続けることを、意識していく必要があります。あなたにもその行動をもとに、たくさんのきっかけをグループに与えられるリーダーになって欲しいと思います。

参加していたグループのメンバーが来なくなったら、これは黄色信号です。それはグループ内のモチベーション低下の合図です。セミナーに対する優先順位が下がっているということです。

そんな時、あなたならどのようにしますか？　まずはセミナーの告知を行い、それでも参加しない人にはどのようにしますか？　その時こそ、個別連絡です。

物理的に無理な人を除けば、極力参加する組織をつくることができた人は、組織力が上がっていき、その結果、最高タイトルへの道につながるということを忘れないでください。

SMSを使った組織のつくり方

SMS(ショートメッセージサービス)を使った組織のつくり方についてもお話ししたいと思います。

ショートメッセージでどうやって組織をつくるのか、と普通だったら思うはずです。しかし、SMSも使い方によっては非常に有効な道具になります。

私の人生における初めてのネットMLMはSMSでした。私が21歳の頃、ネットワークビジネスで組織をつくっていった時のことです。アポが少なくなった時(当時、私はJ-Phoneという会社の携帯電話を持っていました)、J-Phoneの「スカイメール」というSMSを使って「初めまして!」というメッセージを大量に送ったことがあります。

どこに送るのか。地域を限定した無差別の相手に対してです。たとえば自分の番号が090-0000-5678だったら、その下4桁を、0001、0002、0003、0004

……と、番号を変え続けてメッセージを送るというシンプルな方法です。

私はJ-Phone関西というキャリアでしたから、大阪で携帯電話を買いました。その番号はだいたい近隣エリアの方が持っていましたので、下4桁を変えるだけで、関西圏の人だけにメッセージを送ることができました。

この関西エリアの方々に「初めまして」「仲良くなりましょう」「会いましょう」とメッセージをひたすら送り続け、実際に会いに行くという、とんでもない必殺技を考え、組織をつくっていった経験があります。

実はこのやり方は、今でも通用します。現在SNSは多くの種類が存在していますから、そんなことをする必要はないと思うかもしれませんが、それをあえてするところに意外性があるのです。

普通、知らない人からメッセージが来たら、簡単に話を聞いたり、会ったりはしないものです。しかし、SMSだと、あまりにも意外過ぎて、とくに普段からSMSの利用がない方は、逆に物珍しく、メッセージを開いてくれる場合もままあります。そこですかさずアポイントを取っていくのです。

ちなみに、メッセージの内容ですが、「初めまして」「仲良くなりましょう」ぐらいがいいでしょう。営業の内容を入れてしまうと、通報やいろいろなトラブルにもつながります。

ＹｏｕＴｕｂｅを使った組織のつくり方①
～動画の役割

ＹｏｕＴｕｂｅも組織づくりに活用できる便利なツールです。

「集客用」「育成用」「販売用」「フォロー」と、ネットワークビジネスで重要な４つの行程すべてで活用することが可能です。

まずここでは、その概要をお伝えし、後に詳しく解説していきます。

最初に「集客」の部分。要はプロモーションです。私は「プロダクトローンチ」の仕組みを活用して、リストを大量に保有しています。

そのリスト集めに際しては、ホームページをつくり、常に興味深いキャッチーなコピーを並べて、興味を持った方のメールアドレスを取っています。

また、そのホームページに動画を置くことによって、動画を確認してから興味の有るなしを決める、という新しい導線をつくりました。

この動画をホームページ上ではなくＹｏｕＴｕｂｅに上げ、公開設定にして誰でも見られるような設定にしておく方法もあります。

この方法なら、ＹｏｕＴｕｂｅを眺めている方も自然に動画を見てくれ、Ｇｏｏｇｌｅに検索されるようにもなりますので、動画の存在それ自体がそのままＳＥＯ（より多く検索されるための方策）の役割を果たしてくれます。

このような方法で私はＹｏｕＴｕｂｅを集客に活用しています。

次は「教育」でのＹｏｕＴｕｂｅの活用です。ここでの大きな役割は、みなさんに私自身と、私の考え、そのノウハウを知っていただくことに尽きます。私はビジネスのこと、マインド面のこと、私自身のことを何十本もの動画で配信し、見てもらうことそれ自体が教育であると思っています。その結果、私のファンになっていただけるかもしれません。

つまり商品を売り込むための前段階です。「見込み見込み客」を、「見込み客」に変えるための教育開拓をし、感情を動かしていくための大切な素材がＹｏｕＴｕｂｅであるわけです。

ＹｏｕＴｕｂｅを活用した「販売」活動とは、たとえば動画にセールスレターなどを貼って、セールスしたり、クロージング（契約）に向かわせるような動画を出していく、ということです。

「育成・フォロー」ではメンバーに向けて、フォローアップ用に動画を提供しています。

このようにＹｏｕＴｕｂｅは新しい時代のネットワークビジネスである、ネットＭＬＭには必須の道具です。

たとえば動画を深夜に撮影しているとしましょう。もしこの時間帯に「生」で観てください、といっても誰も見ることはできません。これでは、東京の人が大阪のセミナーには来られません、というのと同じことです。

しかし、いつでも観ることのできるＹｏｕＴｕｂｅの動画だったらどうでしょう。しかも、私はたった一回しかしゃべってないのに、何十回も何百回も何千回も観てもらえます。そして何年後でも観てもらうことが可能です。

動画の役割

このように、一度の努力を未来にまでずっと使える努力に変えていける部分こそ、ネットＭＬＭビジネスの大きな優位性の一つであると私は考えています。

この効率化、レバレッジ効果（小さい力で大きな効果をもたらす効果）を理解することで、労働時間が減っていくのに収入は増えていく、そんな反比例の現象があなたの上にも起きてきます。

もちろん、今あなたが行っている普通の仕事ではこのようなことは決して起こりません。労働時間と収入は常に比例しています。しかし、インターネットビジネスは、これを逆転させる力があります。この動画の存在は、まさにその典型です。この優位性を生かすための最高のツールがＹｏｕＴｕｂｅであると思っています。

私のグループは現在、数万人を超えています。みなさんは私にとって大事な仲間です。本当は時間を取ってお話ししたい。しかし、どうしても物理的な問題があります。その意味でも私は多くの動画を撮ってみなさんに届けています。

YouTubeを使った組織のつくり方②
～なぜこの動画なのか？

ここではYouTubeを使った「集客」について、さらにくわしくお話しします。

YouTubeに動画を上げたら、それがGoogleやYouTube内の検索にヒットして、これ自体が集客につながる、ということはすでに言いました。

その動画がみなさんにとって面白ければ、その動画自体がファンをつくり、ファンがファンを呼んでくるような現象も期待できます。そうなれば最高です。

では、どのような動画がいいのでしょう。もちろん、その動画はみなさんの役に立つ情報がつまっている必要はありますが、私はそれよりも、プロモーション的な役割が最も重要だと思います。映画の予告編のようなイメージといえば、わかりやすいかもしれません。動画を見た人が、「なんだろう、この人は」とか、「この続きが見てみたい」と思っていただくことです。映画のストーリーをすべて話してしまうような内容ではなく、「なんだこれは、見たい！」と思わせる、予告編のような内容です。

ＹｏｕＴｕｂｅ上には、こうしたプロモーション的な動画が多数存在します。できれば、こうした動画を「なぜこの動画なのか？」という視点で見て欲しいと思います。

またＹｏｕＴｕｂｅの「登録チャンネル」を利用する方法もあります。登録チャンネルとは、自分や他人がアップロードした動画の再生リストをまとめてチャンネルとして表示させる機能です。お気に入りの動画をいつもアップロードしている人をチャンネルとして登録することで、すぐにその人の動画が楽しめますし、新作のチェックもできます。

もしあなたが提供する動画をチャンネル登録してもらえれば、動画への接触率も上がり、効果は大きくなります。「ＹｏｕＴｕｂｅのチャンネルに登録してくれたら、特典を与えます」といった方法で登録者を増やしていくような方法もいいでしょう。

そして、数も重要です。内容、質にこだわることは大切ですが、質を求めて、月に一本も動画をアップできないのでは話になりません。質は量から生まれる部分もありますので、とにかく動画を上げまくることが大切です。

動画を撮影し、アップロードし、集客を意識して人の動画を見る。そして、繰り返してファンをつくっていくということを意識してください。

ＹｏｕＴｕｂｅを使った組織のつくり方③
〜「教育」に動画の強みを活かす

次にＹｏｕＴｕｂｅを活用した「教育」についてお話したいと思います。

そもそもネットワークビジネスにおける「教育」とはなんでしょうか。それは「読者」と「情報発信者」（あなたのことです）の信頼関係を築くことです。

集客、教育、販売という流れの中で、もしこの教育がなかったとしたら、すべてうまくいきません。

恋愛を例にあげてみましょう。それまでまったく信頼関係が築けていない相手に、いきなり口説《くど》かれたらどのように感じますか。受け入れるどころの話ではありません。

販売においてもまったく同じで、信頼関係ができていない相手からモノを売られても、誰も検討さえしてくれません。

教育とは販売を行ううえで、どうしても必要となる信頼関係を築く役割を担っているものです。「見込み見込み客」を「見込み客」に変えるための信頼関係の構築といったイメージでしょうか。

この「教育」の部分に動画の強みを活かしていきます。では、動画の強みとは何か？

テキスト文章や音声と比較して、いかがでしょうか。確かに音声のみでも言葉は伝わります。声からでもその人となりが見える場合もあります。しかし音声に映像、つまり顔が出ていたらどうでしょう。その人のことがより具体的に見えてきませんか。相手も、映像のほうがその人の本質が見えるように感じることでしょう。

私たちがさまざまなメッセージを相手に送ることで目指すゴールは、一緒にやっていこうという気持ちになってもらうことです。相手にとって情報発信者が、パートナーにふさわしいと思ってもらうことが目的です。この人のグループがいいと思ってもらうことです。

「業界のことをよくわかっている」、「ネットワークの経験値が豊富である」、「サポート体制がしっかりしている」など、判断基準はいろいろとあると思います。しかし、最初はそのすべてを知らない状態です。

その「知らない」を、一つずつ「知っている」に変える工程で、知識とともに人となりを伝えることで、初めてパートナーとして認めてもらうことができるようになります。そのためにも動画の存在は、大きな武器となります。

もう一つ、信頼関係の構築にあたっては、接触回数と接触期間が重要です。ここで信用の尺度が大きく変化します。何度会ったのか、いつから会ったのか。この点においても動画が大きな役割を果たします。

繰り返しますが、出会ってすぐ口説かれたら、どうでしょうか。この出会ってすぐなのに、という部分、これが期間です。信頼を得るためには期間の要素が必要になりますし、その間に接触する回数も問われます。

つまり、動画を通じて、何度も何度も、ある意味会っているような体験を、一定期間重ねることが重要なのです。

よく私はこれについて、芸能人などの有名人にたとえて話をします。普通だったら知らない人に付いていくことなどありません。しかし、若い女性の目の前に、急にアイドルグループ「嵐」のメンバーが現れたとしましょう。そして、「一緒にお茶でもいかがですか?」と誘われたらどうしますか。

迷わず付いていく人のほうが多そうです。実際は「嵐」がどのような人たちか知らないのにです。みなさんは普段からテレビやメディアを通して、有名人、芸能人と、会ってはいませんがまるで会っていると勘違いするくらいの接触回数、接触期間をもっています。これが信頼関係をつくっているということなのです。

私に関して言えば、もちろん無名も無名。私のことなど誰も知りません。

しかし、こんな無名の、知らない私でさえ、「いつも動画を拝見しています」、「動画の人ですよね」と、動画を配信し続けているおかげで声をかけられることがあるのです。

テレビなどでなく、動画を配信しているレベルでも有名人みたいに扱ってもらえることがあるのです。これは、すごいことだと思います。これが動画の力なのだと思ったりもします。

要は、「教育」とは、人間関係を育て、ファンになってもらうということです。ぜひみなさんも、どんどん動画を配信して欲しいと思います。

ＹｏｕＴｕｂｅを使った組織のつくり方④
～動画を使ったプレゼンテーション

次にＹｏｕＴｕｂｅを活用した「販売」についてお話ししたいと思います。

ＹｏｕＴｕｂｅを活用した「販売」とはプレゼンテーションです。

この動画によるプレゼンテーションにおいては、しっかりポイントを押さえ、短く簡潔に相手のハートに訴えかけるように話しをしていく必要があります。

しっかりとセリフを覚え、自信満々に言い切り、ボディーランゲージを上手に使い、相手のハートに訴えかけるように語りかけることが重要です。

通販会社「ジャパネットタカタ」のプレゼンテーションは素晴らしい実例です。

なんとなく見ていた番組だったのに、気がつけば注文の電話をかけている。要はジャパネットタカタのプレゼンテーションは、私たちの感情を瞬時に沸点まで引き上げられる素晴らしいものであるということです。

こうした内容を、私たちの動画のプレゼンテーションにおいても考える必要があります。ここをしっかりとやっておかないと、今までの苦労もすべて水の泡になってしまいます。

良いプレゼンテーションにするためには、まず体験者の声などをうまく織《お》り交《ま》ぜて、動画を見ている方が、「自分がどう変わるのか」ということを想像できるよう、意識して話すことが一番大切です。

結局、閲覧者が求めているのは、自身の変化なのです。つまり、相手の感情をどれだけ動かすことができるのかが最も重要です。

こうした視点を持って、ジャパネットタカタの映像を始めとした、たくさんのプレゼン動画、クロージング動画、販売用の動画を見ることです。そのエッセンスをあなたの動画にうまく再現することができれば、最高の販売用の動画ができ上がると思います。

YouTubeを使った組織のつくり方⑤
～アフターフォローのための動画

ここまでYouTubeを使った組織のつくり方の全体像、集客、教育、販売とお話ししてきました。最後に、「フォロー」の話をしたいと思います。

フォローとは購入後のアフターフォローのことです。ネットワークの世界で言えば、組織をつくったあとに必要となってくるものです。

組織を運営していく上で、四六時中、アップラインがメンバーの面倒を見るのは、物理的にも限界があります。しかし、メンバーにとってみれば、24時間いつでも勉強できる環境があれば最高です。

スタートアップ、初めての人のトレーニング、商品研修、成功哲学。ネットワークビジネスは、教育ビジネスといわれるくらい、メンバーに対しさまざまなことを教えていく必要があります。この作業はまさにエンドレス。ネットワーク業界にいる限りは、一生涯必要です。

ただ、そうすると回数もさることながら、アップラインにすれば同じことをずっと繰り返し伝え続ける必要があります。そのたびにあなたが、同じことを繰り返すのは非効率です。したがって、すべてとは言わないまでも、時には教える内容を動画化していくことも必要でしょう。

また、このネットワークビジネスというのは、影響力が非常に問われる仕事です。その影響力を育てるためには、日々の時間共有はもちろんですが、どれだけ変化のきっかけを与えられているかという部分が重要であったりします。変化のきっかけをたくさん与えられている人ほど、影響力が大きいということです。そして影響力がないと、どんなメッセージも相手に伝わりません。

私の場合も常にみなさんと時間共有をしていくことは、物理的に難しい。そのため会員のみなさんに向けて、大量のフォローアップ用の動画を撮っています。

動画によってみなさんと時間を共有し、変化のきっかけを常に与えています。

今後、あなたもメンバーが増えていく中で、みなさん自身の思い、ノウハウなどを動画化していく必要もあるでしょう。これは攻めるというより守りの要素が大きい動画ですが、メンバーを24時間フォローできる体制づくり、環境づくりのために、ぜひYouTubeを活用して欲しいと思います。

ブログを使った組織のつくり方

ブログを使った組織のつくり方についても、お話ししておきたいと思います。

基本的にはＳＮＳと同じなのですが、ブログにはＳＮＳにはない強みがあります。その強みを活かして欲しいと思います。

ブログには、ＳＮＳと比較して情報量が多いという利点があります。

最近では、ＷｏｒｄＰｒｅｓｓなどを使えば好きなようにサイトを制作し、誰もが簡単に情報を届けることができるようにもなりました。

では、どんな内容のブログが良いのでしょう。ここでは一般的な活用事例を紹介したいと思います。

よくあるのは、扱いたいジャンルについての知識を広く載せていく、という方法です。私たちはネットワークビジネスをテーマにしていますので、ネットワークビジネスに関連する記事をたくさん書いていきます。自分のところの話だけでなく、各主催企業のネットワークビジネスの情報もどんどん載せていきます。

このメリットは、いわゆるSEO対策です。要はいろいろな方が、ネットワークビジネスについてのキーワードで検索をかけたときに、あなたのブログが引っかかるようにします。そうやって、いろいろなところからアクセスを引っ張ってきたうえで、たとえば「インターネットを活用してネットワークビジネスができたら最高ですね！」といった形で自分たちのビジネスのアピールをしていくわけです。

よくある活用の仕方として、SNSとブログを連動させる方法があります。自分の記事が更新されるたびに、SNSにそれが更新されました、と案内が行くようにして、アクセスを引っ張ってくる方法です。

SNSは、あまりきわどいワードを書くと、アカウントが消されてしまうケースがあります。よって、外部リンクという扱いで、本当に言いたいことは、自由度の高いブログの方で自由に書いていきます。文章の量も含めて、これはブログのほうが圧倒的に優れている点でもあります。

またＳＮＳはどれだけ育てても、流行によって使われるものが変わってしまうというリスクが存在します。古くはミクシィのユーザーがフェイスブックに移行したことから始まり、最近ではさらにインスタグラムに流れてしまうようなことも起こります。

数年後には、さらに今とは違うＳＮＳが立ち上がっている可能性も大きいでしょう。

そういった時に、一つのＳＮＳだけに頼っていると、どれだけそこに蓄積された情報があっても、読者自体がいなくなり、価値もなくなってしまいます。

しかし、ブログのようなツールは、自分のドメインを取得していれば、ずっと自分のサイトで、そこは何も変わることはありません。この点もブログの強みと言えるでしょう。

ブログの強みを活かす

- 情報量を多く記載することができる
- 情報を整理して届けることができる
- アメブロなど、企業のブログではなくワードプレスなどを使ったほうが自由度が高い

イベントを活用した組織のつくり方

実は、かつて次のような書籍を執筆したことがあります。

『仲間とつくる、楽しく稼げるイベントマーケティング』。

私の原点は多くの人との出会いにあります。これまでやってきたさまざまなビジネスは、すべて出会ってきた多くの人たちにいろいろな情報をもらうことから始めています。一つひとつその情報を形にしてビジネスを立ち上げ、会社にしてきたのです。

なぜ多くの人に出会えることができたのか。それはイベントのおかげでした。イベントのおかげで、とにかくたくさんの方と出会うことができました。つまり、イベントは私のビジネスの原動力の一つであり、私のビジネスはずっとイベントとともにあったと言えます。

そもそもなぜイベントを始めるようになったのか。その理由がネットワークビジネスです。ネットワークビジネスでなかなかアポが取れない状況の中、セミナーではなく、もっと軽いイベントでなんとか人を集めようとしたのが始まりです。グループのメンバーも、セミナーのアポは難しくても、パーティーのようなイベントなら気軽に人をつれて来られます。そのため、イベントを毎月、毎週と企画しました。多い時は3日に1度くらいのペースでやっていたと思います。おかげさまで、どんどん人も呼ぶことができました。

セミナーと比較すれば、イベントはとても簡単に開催できました。楽しいイベントですから、レベルの高い話を用意する必要もありません。

しかし、セミナーとイベントではアポの質が違います。質と言ったら言葉は悪いのですが、イベントでは遊びのアポがほとんどです。この「遊び」から、1段階上の「仕事」にもっていくのは簡単なことではありません。

何が言いたいかというと、ネットワークビジネスでは、アポがなかなか取れない、と言って悩んでいる人がたくさんいます。そんな人は、アポのレベルを一つ下げて、こうした「遊び」のアポから入ってみるのもいいのでは、ということです。

セミナーは難しいが、イベントだったら、とにかく人をつれてくることができます。人をつれて来られなければ何も起こりません。しかし、とにかくつれてくることさえできれば、私たちが手伝ってあげることだってできます。

Bさんは、普段お世話になっているAさんと一緒に一つの会場で、協力して興味付けをしたり、T-UPをかけてAさんにつないだりすることもできます。もちろん、その場でビジネスの話はしません。しかし、それで十分。布石にはなります。

あなたがAさんをパーティーの会場で紹介しておいて、後日、その人と会ったときに、「この間イベントで会った人いるでしょ。実はその人にすごい仕事を教わっていて、おかげで人生変わりそうなんだよ」

「そうなんだ？ あの人そんなすごい人だったの？」

「そうなんだよ！ よかったら紹介してあげるから、一回ちゃんと聞いてみて。面白いよ！」

という会話の流れも自然につくることができます。Cさんにしても一回会った人ということで抵抗感も消えています。

このようにイベントでワンクッション置いて距離をつめ、時間共有し、コミュニケーションを取ると、アポを取るのが簡単になります。

あとはそのイベント内で、どうやったら興味付けがうまくいくのか。どうやったら人がたくさん集まるかというところを勉強すれば、イベントだけで組織をつくることができます。

海外で組織をつくる方法

本書の最後として、海外で組織をつくる方法もお伝えしようと思います。「えっ、海外に組織？」と思われるかもしれません。

しかし、ここまでお伝えしたテクニックを活用すれば、「私にもできるかも」、と必ず思っていただけるはずです。

海外に組織をつくるためには3つの壁があります。この3つをクリアすることであなたも海外に組織をつくることができます。

1つ目は、国境の壁です。海外に行こうと思うと大変です。渡航費、現地での宿泊費、他にも経費がいろいろかかってきます。普通ではまず絶対にできません。では、この壁をどう乗り越えていくのか。

答えはもちろん、インターネットを使うという方法です。日本で撮影した動画を海外に届けるということも今なら簡単にできることです。そして、そのことは明らかに国境の壁を越えていることになります。

場所は問いません。このインターネットのパワーを使うことによって、あなたも世界中でリクルートすることができるのです。インターネットを使えば、経費の心配もありません。本当にどなたでもできます。

2つ目は言語の壁です。現地の国の言葉、みなさん話せますか？

たとえば英語圏、中国圏は、大きなマーケットなので、ぜひ獲得に行きたいところですが、どうしても言葉が壁になってしまいます。

そのために、いちいち現地の言葉を覚えるというのは大変ですし、ちょっと非現実的です。

では、どうすれば現地の言葉がわからなくても、現地の方をリクルートすることができるのかを少し考えてみてください。

答えは、現地在住の日本人をターゲットにすることです。

インターネットで国境の壁を越え、次に現地に住んでいる日本人をターゲットにどんどん声をかけていく。これができるようになると何がいいのか？

まずリクルートする相手は日本人ですから、もちろん日本語でOK。そして、駐在している人は現地の言葉を話せる可能性が高い。

つまり、現地の日本人にまずアプローチすれば、その人を介して海外の人に対してもリクルートができるということになります。

そして、最後にもう一つ、大きな大きな壁があります。

どの会社を選ぶのか。つまり主催企業の話です。

これについて私は、外資系が一番だと言いました。日本生まれのネットワークビジネスでは、ほぼ無理だと。

海外展開は、非常に大変な事業です。そもそもネットワークビジネスの世界で、日本企業が海外で成功している例を私は見たことがありません。

しかし、日本ですでに展開している外資系企業を選べば、それは、すでに日本を始め多くの国に上陸しているビジネスということです。ですから対象がどの国であっても問題がないということになります。

商品も問題なく届きます。こんな当たり前のことが、海外展開していない企業だと壁になってしまうわけです。

外資系企業を選ぶことによって、より海外展開も簡単になるということも覚えておきましょう。

国境の壁。

言語の壁。

そして、選ぶ会社の壁。

こうした壁をクリアすることによって、あなたも海外で組織をつくることが可能になります。

3つの壁

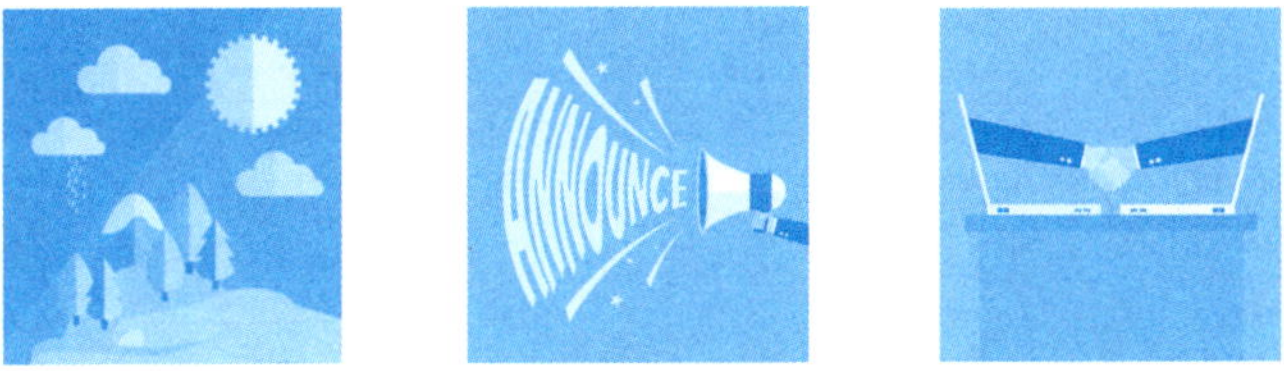

①:国境の壁　②:言語の壁　③:選ぶ会社の壁

3つの壁を乗り越えることで
海外で組織をつくることができます

おわりに

本書を最後までお読み頂きありがとうございました。

私の20年間によるMLMで学んだ知識や経験、インターネットを活用して短期間で組織をつくった方法を出し惜しみなく本音で書かせてもらいました。

いかがだったでしょうか？　少しでも読者の皆さんの活動にお役に立てればうれしく思います。

ここでもう一点だけ注意しておいて欲しいことがあります。MLMの関しての法改正は、ほぼ毎年行われています。また本書の解説の中軸である、SNS自体が営業行為に関して規制をかけてくることもあり、内容が変わってしまう場合もあることをご了承いただければと思います。

さてMLM業界は、私の経験してきたこの20年でも大きく変化しました。

50年と続くMLM業界は、完全飽和状態に入り、勝ち組、負け組の2極化が進んでいきました。そして、過去のノウハウでは成功しにくくなったのです。

たとえば、信販会社でローンを組めなくなり高額商品が売りにくくなりました。インターネットの普及は、多くのメリットを生み出しましたが、反面、自社の商品が安く転売されてしまうなどということも頻繁に起きます。

仮想通貨系ＭＬＭが流行したものの１年と経たず、そのほとんどが倒産して、投資資金を全部溶かしてしまうなどということもありました。

正しい知識を持たずして、ただ人を紹介したら稼げるという考えでは、通用しなくなったのです。

ですからＭＬＭ業界に参入しても、常に変化に合わせて最新情報を仕入れ、自分自身を進化させ続けていくことが必要です。そうでないと勝ち続けることが難しくなったのです。

これからの時代、ネットＭＬＭはなくてはならないものと思います。まずは本書で書いていることを実行して欲しいです。そして、ご自身の夢を叶えていただければと思います。みなさんと、どこかでお会いできることを楽しみにしています。

２０１９年８月

村井祥亮

ネットMLM最新情報はコチラから!!

最新情報や業界の裏話、
内容が濃すぎて本書では書けなかった話などは、
随時、動画版にてお届けしていますので、
ぜひ、このページのQRコードから受け取ってください。
本書をご購入いただいた読者様限定で、
この本でもご紹介したSNSツールを
プレゼントさせていただきます。

※特典の配布は予告無く終了する事がございますので、予めご了承ください。
※動画はインターネット上での視聴になります。

［プロフィール］
村井祥亮（むらい よしあき）
1980年1月17日、大阪生まれ。株式会社ADS代表取締役社長。
19歳の時に起業を目指し、通信、金融、アパレル、不動産、アフィリエイト等、ありとあらゆる仕事に挑戦するが騙され失敗を続ける。それでも起業を諦めずに、26歳の時には飲食店を出店し、そこから４年間で不動産や美容関連などの店舗を次々に出店。現在に至るまで累計32店舗を出店させる。33歳でネットビジネス業界に本格的に参入。そこからADSシステムを開発し一気に業績を伸ばし３年でグループ年商10億円を超える。現在は関わった人すべてがプラスになれるコミュニティ作りを目指し、自社ASP「アフィリコ」を運営。「夢を描け　笑われてもいい　でっかい夢を語れ」をモットーに日本全国講演活動をしながら、毎月海外旅行を楽しんでいる。

在宅で稼ぐ！
SNS時代のMLM最新テクニック
ネットMLM大百科

2019年8月29日　初版第１刷発行

著者　村井祥亮
発行人　津嶋 栄
発行　株式会社フローラル出版
〒163-0649
東京都新宿区西新宿1-25-1　新宿センタービル49F
＋OURS room03
TEL：03-4546-1633（代表）
TEL：03-6709-8382（注文窓口）
注文用FAX：03-6709-8873
メールアドレス：order@floralpublish.com
出版プロデュース　株式会社日本経営センター
出版マーケティング　株式会社BRC
印刷・製本　株式会社光邦

乱丁・落丁はお取替えいたします。
ただし、古書店等で購入したものに関してはお取替えできません。
定価はカバーに表示してあります。

ISBN978-4-910017-01-3　C2034